ゾンカ語口語教本

今枝 由郎 著

東京 **大学書林** 発行

序

　本書，日本語版の『ゾンカ語口語教本』は画期的な試みである．これは，著者が前にティンブで編纂・印刷した *Manual of Spoken Dzongkha* を増補改訂し日本語版とされ，それに豊富な対照語彙の部分を加えたものである．チベット系の言語は英語より日本語によりよく対応するものなので，日本人にとって，これによりゾンカ語がよりわかりやすく，早く習得できる筈である．

　最近，ブータンを訪れる日本人も漸くふえてきた．中でも特筆すべきは青年海外協力隊員の派遣である．2006 年現在，25 名，シニア隊員 23 名が駐在しており，派遣がはじまった 1987 年以来の累計では 230 名，シニア 56 名になる．隊員は語学としては英語を習得して派遣されてくる．ブータンでは英語のできる人は少なくないが，何といっても協力隊員がゾンカ語を話すことができれば，もっと効果的に仕事を進めることができるし，同時に隊員たちのブータン生活はより楽しいものになるに違いない．

　本書の著者，今枝由郎氏は，チベット仏教圏の歴史を専攻した研究者で，1981 年から約 10 年間ブータン国立図書館顧問としてティンブに滞在しており，このような教本の作成には最適な人である．同氏は大谷大学を卒業後，1974 年 10 月からフランス国立科学研究センター（CNRS）の研究員をつとめており，ブータンへはそこからの出張として滞在した．今日までブータン，日本，フランスをよく往復し，ブータンの紹介者として第一人者である．『ブータン——変貌するヒマラヤの仏教王国』（大東出版社，1994）をはじめブータンに関する著書，論文も多い．

　今年は日本・ブータン国交樹立 20 周年にあたり，この記念すべき年に，前例をみない，このようなすぐれた，そしてすぐ役立つゾンカ語の教本が出版されることを心からよろこぶ次第である．

2006 年 6 月

　　　　　　　　　　　東京大学名誉教授，元 協力隊を育てる会会長

　　　　　　　　　　　　　　　　中　根　千　枝

序　言*

　25年以上にわたってブータンと親密な関係のある今枝由郎博士は，現在もっとも名の知られた日本人ブータン研究者です．博士は，1981年から90年の10年間，ブータン国立図書館顧問という卓越した地位にあってブータンの大乗仏教文化の研究に従事されました．この権威ある役職を辞任された後も，博士はブータンの歴史，文化，大乗仏教に関する研究を続けられ，17世紀におけるブータンのドゥク派政権の成立を始め，大乗仏教関係の多岐なテーマを扱った論考を英語，日本語，フランス語で発表されています．その該博な学識は，ブータンでの長期滞在と，頻繁な現地調査に基づいています．博士は，古典チベット語とブータンの国語であるゾンカ語の双方を会得されていますが，これは非常に稀なことです．このことが，博士の業績をして文書および口碑の双方の情報活用という点で，通常の他の研究者の追随を許さないものにしています．また博士は，1980年代後半にはすでにコンピュータを使用されており，ゾンカ語コンピュータ化に関する知識を持ち合わせていた数少ない先駆者の一人です．それ故に，博士はゾンカ語コンピュータシステムの開発に尽力され，その成果が現在のIT時代のゾンカ語・チベット語の広範な利用の礎となっています．

　今枝由郎博士は，この20年来一貫して，ヒマラヤ地域——ことにブータン——の文化を日本人の意識に根付かせることに努力されてきました．そのために，出版，講演，テレビ番組の制作，展覧会の開催，仮面舞踏団の招聘といった様々な活動に従事されました．日本人のブータン理解は，博士のかけがえのない努力に負うところが少なくなく，その貢献はブータン，日本の双方で高く評価されています．この度の『ゾンカ語口語教本（ゾンカ語－日本語，日本語－ゾンカ語語彙付き）』は，ブータンと日本の両国民にとって有益な仕事をしたいという博士の志を反映した勝れた業績で，両国民の交流を深めるのに大いに寄与するものであることを確信します．

ブータン研究所所長　カルマ・ウラ

*英語原文からの訳

はじめに

　ゾンカ語は，東ヒマラヤに位置するブータン王国の国語である．言語学的には，現代の中央チベット語（ラサ方言）に近い関係にある．しかし，ゾンカ語を母国語とする話し手と，ラサ方言の話し手との間には，口語による意思の疎通はほぼ不可能であり，両者は二つの異なった言語と見なしたほうが適切であろう．しいてヨーロッパでの例を挙げるとすれば，たとえばフランス語とイタリア語といった距離・関係が考えられる．歴史的にはともにラテン語から派生した二方言とも見なしうるが，現状ではやはり同系列の二つの別々の言葉と見なされる．

　ブータンでは，つい3，40年前までは，文書はすべてチベット文字を用いて，古典チベット語で書かれていた．ところが，古典チベット語と現在のゾンカ語とは，殊に発音において大きく懸け離れているため，一種の言文一致運動がおこり，ゾンカ語綴り字法の改正が行われるようになった．しかし，現状ではけっして満足できる結果をもたらしてはおらず，むしろ綴り字法の混乱が起きている．その結果，綴り字から口語ゾンカ語を学ぼうとすると，非常な困難が伴う．それ故に本書では，ゾンカ語の文字，綴りは一切用いずに，すべてローマ字表記による口語の発音によった．この方法が，少なくとも初心者には，最も適切な方法だと信ずるからである．文字，綴り字の学習は，ある程度のレベルに達してから挑戦されたらいいと思う．しかし，それはもはや本書の範囲を超えており，別なマニュアルが必要であろう．

　本書はあくまで話し言葉としてのゾンカ語を修得しようとする初心者を対象にしたものである．ひと昔前まで，ブータンへの入国はほんの一握りの人たちだけに限られていた．しかし今では，結構一般の人でも旅行者として訪れることができるようになった．本書が，そういった人たちがブータン人と直接言葉を交わしたりするのに役立てば，と願っている．

著　者

目　次

序 …………………………………………………… 中根千枝 …… i
序言 ………………………………………………… カルマ・ウラ …… ii
はじめに ………………………………………………………………… iii

第1部　発音と文法 ……………………………………………… 1

第1課　発音 ……………………………………………………… 1
　　発音 …………………………………………………………………… 1
　　　子音 ………………………………………………………………… 1
　　　母音 ………………………………………………………………… 3
　　　例 …………………………………………………………………… 5

第2課　名詞，代名詞 …………………………………………… 9
　　名詞 …………………………………………………………………… 9
　　　性 …………………………………………………………………… 9
　　　複数 ………………………………………………………………… 9
　　代名詞 ………………………………………………………………… 10
　　　指示代名詞 ………………………………………………………… 10
　　　人称代名詞 ………………………………………………………… 10
　　連結辞 ………………………………………………………………… 11
　　ブータン人の人名 …………………………………………………… 11

第3課　形容詞（1） …………………………………………… 13
　　形容詞 ………………………………………………………………… 13
　　色 ……………………………………………………………………… 13
　　よく使われる形容詞 ………………………………………………… 14

第4課　後置辞 …………………………………………………… 15
　　-lu ……………………………………………………………………… 15
　　-le ……………………………………………………………………… 15
　　-gi ……………………………………………………………………… 15

第5課　語順 ……………………………………………………… 17

第6課　述語動詞 ………………………………………………… 18
　　例 ……………………………………………………………………… 18

目　次

第 7 課　動詞 ··21
　不定形 ··22
　動名詞 ··22
　複合動詞 ··22
　語幹変化 ··23

第 8 課　疑問文，否定文 ····································25
　疑問文 ··25
　否定文 ··27

第 9 課　現在形 ··29

第 10 課　未来形 ···32

第 11 課　過去形 ···34

第 12 課　形容詞（2） ······································37
　比較級 ··37
　最上級 ··38
　複合形容詞 ··38

第 13 課　副詞 ···39
　役に立つ表現 ··40

第 14 課　数詞 ···43
　基数 ··43
　序数 ··48
　数詞の表現 ··48

第 15 課　時 ···50
　年 ··50
　季節 ··51
　月 ··51
　曜日 ··52
　日 ··52
　時間 ··53

第 16 課　命令形，条件法，接続辞 ···························54
　命令形 ··54
　条件法 ··55
　接続辞 ··55

目　次

　第17課　役に立つ表現 …………………………………………………58
　第18課　敬語 ……………………………………………………………60

第2部　会話練習および語彙 ………………………………………64
　第1課　あいさつ ………………………………………………………64
　第2課　ドマをどうぞ …………………………………………………65
　第3課　もてなし ………………………………………………………66
　第4課　一般的な質問（疑問詞） ……………………………………67
　第5課　ブータンについて ……………………………………………69
　第6課　市場での買い物 ………………………………………………70
　　語彙：果物と野菜 ……………………………………………………71
　第7課　店での買い物 …………………………………………………72
　第8課　時間を尋ねる …………………………………………………73
　第9課　方角を尋ねる …………………………………………………74
　　語彙：建物と方角 ……………………………………………………75
　第10課　電話 ……………………………………………………………76
　第11課　家族 ……………………………………………………………77
　　語彙：家族と親戚 ……………………………………………………78
　第12課　健康と病気 ……………………………………………………79
　　語彙：身体の各部の名前 ……………………………………………80
　第13課　身なり …………………………………………………………82
　　語彙：服装 ……………………………………………………………83
　第14課　食事への招待 …………………………………………………84
　　語彙：食べ物と飲み物 ………………………………………………85

ゾンカ語－日本語語彙 ………………………………………………87

日本語－ゾンカ語語彙 ………………………………………………124

あとがき ……………………………………………………………………165

第1部　発音と文法

第1課　発　音

発　音

　本書でのゾンカ語の発音表記は，言語学的には決して厳密なものではない．入門書のなかには，言語学的な厳密さを期する余り，初心者にはかえって煩雑で理解しにくいものがよくあるが，そうはならないように努めたからである．あくまで初心者のための，実習・実用を念頭においたものであり，一部概略的な部分もある．しかし，はじめてゾンカ語の音に触れる人にも，ゾンカ語の音体系の全体が理解できるように，最低限の要素は説明してある．

子　音

1. 高声調・低声調，無気音・帯気音が内在的に決まっている音

　ゾンカ語の音韻体系でもっとも注意すべき点は，
　1) 高声調音・低声調音
　2) 無気音・帯気音
という，日本語にはない二つの区別があることである．
　この二種類の区別は，日本語での清音，濁音の区別（か／が，た／だ，など）と同じように意味の弁別に必須であるが，この区別に習熟するのには相当な時間と努力が必要であろう．それ故に，最初は自分の耳で聞き分けられなくても，また自分ではっきりと区別して発音できなくても，この区別が意味の弁別に不可欠であることをたえず意識していることが大切である．そして，現地人の発音を注意深く聞き，それを真似るように心がける必要がある．
　高声調音は，単語の始めの部分を甲高く発音するものであり，逆に低声調

第 1 部　発音と文法

音は，ドスを利かせるようにしっかりと低く発音するものである．
　無気音は口から息がもれない子音であり，帯気音は子音とともに口から息が出る音である．

I	II	III
高声調音	高声調音	低声調音
無気音	帯気音	帯気音
k	kh	g
c	ch	j
t	th	d
tr	thr	dr
p	ph	b
pc	pch	bj
ts	tsh	dz
sh	zh	
s	z	

　縦列 I の子音は，すべて高声調の無気音である．縦列 II の子音は，その帯気音であり，ローマ字では h が加えてある（ただし，sh と zh の h は，s と z の帯気音を表わしたものではなく，sh と zh は各々一つの音を写したものである）．縦列 III の子音は，低声調で発音される帯気音で，一般には清音であるが，時としては濁音で発音されることもある．

　大半の音は，ローマ字表記を英語式に発音すれば，ゾンカ語の音に近い音が出る．日本人にとってもっとも馴染みがなく，難しい音は，tr 行と pc 行の音であろう．tr は，t を発音するように口を構え，それでもって r を発音する．すなわち舌先を上に反【そ】らせて，上の歯茎に近づけ，少し摩擦させて発音する高声調・無気音の反【そ】り舌音である．thr はその帯気音，dr はその低声調音である．pc は，p を発音する口の構えで，c を発音することで生まれる高声調・無気音であり，pch はその帯気音，bj はその低声調音である．

第1課　発　音

2. 高声調にも低声調にも発音される音，その他

```
IV （高）  'ng  'ny  'n  'm  'y       'l  lh  'w  'h
V  （低）   ng   ny   n   m   y    r   l        w   h
```

　ng, ny, n, mの4鼻音，およびy, l, w, hは，高声調となる場合もあれば，低声調となる場合もある．それ故に，高声調には語頭にアポストロフィ（'）を打ち，低声調の場合と区別する．

　rは常に低声調であり，lhは常に高声調である．（それ故に，lhにはアポストロフィを打たない）

　高声調，低声調の両方に発音される子音が語頭に来た場合には，声調の高低だけが唯一の弁別の手段である．

```
    高声調音              低声調音
    'nga   太鼓, 五       nga   私
    'nya   借りる         nya   魚
    'na    膿             na    大麦
    'nam   天気           nam   いつ
    'mi    人             mi    否定辞
    'lo    咳             lo    年
    'lam   ラマ僧         lam   道
    'wang  灌頂           wang  ワン（ティンプ地方）
```

母　音

　単母音：**a ä i u ü e o ö**
　二重母音：**ai au a:u iu eu ou**
　母音には，長短の区別があり，長母音はコロン（：）で表わす．長短の対比は意味の弁別に不可欠である．

```
    kam   乾いた      ka:m   星
    'map  夫          'ma:p  赤い
```

第1部　発音と文法

  'lo　咳き　　　'lo:　話

また母音にも，子音と同じく高声調・低声調の区別があるので，語頭で高声調に発音される時には，アポストロフィを付ける．

  'ai　母　　　　'ü:　故郷
  'omsu　靴下　　onju　ブラウス

終子音をもたない長母音は，鼻音化することがある．この場合は –ng で表わす．ただし，英語の king とか ring のように，母音の後に鼻音が来るのではなく，母音が鼻音化しているのである．

  ming　名前　　bumthang　ブムタン（地方）
  dong　顔　　　dzong　ゾン（城）

（この場合長母音であることが明らかなので，コロンは省く）

ハイフン：–

 二音節語，複数音節語の場合，難しい子音結合を発音しやすくするために，また元来独立しておらず，直前の独立詞に接続される詞辞（指示形容詞，複数辞，後置辞など）にはハイフンを用いて，連続して一まとまりに発音されることを表わした．

  chu-'lang　水牛
  chung-gu　小さい
  cha-nyam　一緒に
  hing-sangsa　清潔な
  tang-ni　送る（動詞語幹＋不定形接尾辞）
  nang-na　内に，中に（名詞＋後置辞）
  pecha-di　この本（名詞＋指示形容詞）
  chim-'ani-tsu　これらの家（名詞＋指示形容詞＋複数辞）

括弧：( )

 省略されうる音は括弧に入れた．

  throm(kha)　throm とも thromkha とも発音される．
  nyi(-gi)ming　nyi ming とも nyi-gi ming とも発音される．
  ya(ng)　ya とも yang とも発音される．

第1課　発音

例

母音

a	'apa	父	nga	私
	'am	婦人（既婚の女の人への敬称）		
a:	la:	仕事	ka:m	星
	'ma:p	赤い		
ang	chang	チャン（酒）	tshang	巣
	'lang	雄牛		
ä	gä:	八	chä:	不足
	bä	羊毛		
i	chim	家	kishi	虱
	'mikto	目		
i:	tsi:p	占星師	tshi:to	関節
	ti:m	踵		
ing	'ing	〜である	ming	名前
	shing	木, 木材		
u	gu	九	chu	水, 川
	'yu	トルコ石	lu	羊
u:	lu:m	谷	su:ja	バター茶
	tu:-pakpa	固い		
ung	'lung	風	zhung	政府
	lekhung	事務所		
ü	küp	糸, 親戚	lü	肥料
	dün	七	'ngül	銀
ü:	'ü:	故郷, 国	bü:	蛇
e	me	火	sem	心
e:	se:p	黄色	se:	金
	se:m	王女	caze:	釘
eng	meng	〜ではない		
o	mo	かのじょ, 占い	'om	牛乳, 乳房

第1部　発音と文法

	kho かれ		
o:	tho: 階	bo:m 大きい	
ong	khong かれら	gong 値段	
	dzong ゾン（城）		
ö	sön 種	pön 王，領主	
	böp チベット人	gön 木瓜	

二重母音

ai	'ai 母	
au	khau 雪	bau 甲状腺腫
	gau お守り	dau 月
a:u	ga:u 鍛冶屋	da:u バターミルク
iu	kiu 出生	diu 弾丸
	tiu 臍	
eu	theu 埃	seu 昼食（敬語），雹
	pceu 額	
ou	kou 皮	drou 味
	zou 大工	

子　音

k	kau 柱	ka:p 白い
	kam 乾いた	kep 腰
kh	kha 口	kho かれ
	khau 雪	
g	gä: 八	gu 九
	go 戸	
c	ci 一つ	ce 舌
	cak 鉄	cutham 十
ch	cha 対	cha:p 雨
	chö あなた	chu 水，川
j	ja お茶	jau 口髭
	jo-ni 行く	ji 重さ

第1課　発音

t	ta　馬	to　御飯	
	tang-ni　送る		
th	thap　竈【かまど】	thum　スプーン	
	thung-ni　飲む	thong-ni　見える，目にする	
d	da　弓	dau　月	
	do　石	dong　顔	
tr	trashi　タシ（人名），吉祥		
	'ngültram　ヌルタム（通貨の単位）		
thr	thra　血，柄	throm　街，市場	
	thrangthrang　真直ぐ		
dr	dru　龍	drom　箱	
	drasho　ダショ（爵位）	dropa　朝	
p	pa:　写真，肉片	pep　蛭	
	pao　英雄	pako　革	
ph	phab　豚	pho:p　お椀	
	pha:　向こう側，あちら		
b	ba　的	bo:m　大きい	
	böp　チベット人		
pc	pca　猿	pceu　額	
	pcimi　国会議員		
pch	pcha:m　箒	pchi　小麦粉	
	pchem　数珠		
bj	bja　鳥	bja:　夏	
	bjop　遊牧民	bjili　猫	
ts	tsa　草	tsa:　錆	
	tsip　壁	tsi:p　占星師	
	tsi:　会計，勘定		
tsh	tsha　塩	tsho　湖	
	tshä　寸法	tsham　境	
dza	dzong　ゾン（城）	dzamling　世界	
	dzongkha　ゾンカ語	dzenä　ハンセン氏病	

第 1 部　発音と文法

sh	sha 肉	sha: 東
	shau 鹿	
zh	zhi 四	zhu 弓
	zhung 政府	
s	sa 土	sa:p 新しい
	so 歯	sim 妹
z	zu 身体	zou 大工
	zung-ni 捕らえる	
y	yigu 手紙，文字	yö 兎
	'yak ヤク（雄）	'yön 左
	'yä 右	
r	ra 山羊	ri:m 長い
	ruto 骨	
l	la 峠	'la 料金
	lo 年	
lh	lha 神	lhakhang お堂
	lho 南	
w	wang ワン(テインプ地方)	'wang 灌頂
	wa 木桶	
h	ha: ハ（地方）	'höm 青
	hago-ni 理解する，分かる	

鼻　音

ng （低）	nga 私	ngu-ni 泣く
（高）	'nga 太鼓，五	'ngül 銀
ny （低）	nyim 日	nya 魚
（高）	'nyi 二	'nyugu 竹ペン
n （低）	nam いつ	na 大麦
（高）	'nam 空，天気	'na 膿
m （低）	ma: バター	me 火
（高）	'mi 人	'ma 傷

第2課　名詞，代名詞

名　詞

1. 性

ゾンカ語の名詞には，文法上の男性，女性の区別がない．
生き物の性別を区別するのには，つぎの三方法がある．
1) 異なった言葉を使う．
　　sep　雄馬　　　　　**göm**　雌馬　　　　　**ta**　馬（一般）
　　'yak　ヤク（雄）　　**bjim**　ヤク（雌）
　　'lang　雄牛　　　　**ba**　（雌）牛
2) 言葉の前に pho-（雄），mo-（雌）を付ける．
　　pho-dre（雄）らば　　**mo-dre**　（雌）らば
3) 言葉の後に -p（雄）（どちらかといえば稀），-m（雌）を付ける．
　　bjap　雄鳥　　　　　**bjam**　雌鳥　　　　　**bja**　鳥（一般）
　　bu　息子　　　　　　**bum**　娘

2. 複　数

一般には複数は明記されず，文脈から判断される．数詞「一」から派生した単数を表わす ci が語末にあれば，単数であることが分かるが，ないからといって複数であるとは限らない．ない場合には，単数とも複数とも区別しがたい．はっきりと分かるのは，
1) 語末に -tsu という複数をあらわす言葉がある場合．
　　'alu-tsu　子供たち
2) 語末に，複数をあらわす指定代名詞（これらの，あれらの，など）とか，言葉（多くの，いくつかの，など），あるいは数詞がくる場合．
　　chim 'ani-tsu　これらの家

pecha phe-tsu　あれらの本
'mi sum　三人
nyim lesha　幾日も
'mi gera　全員

代名詞

1．指示代名詞

単数	複数
'ani, ni, di　これ	'ani-tsu, ni-tsu, di-tsu　これら
'aphe　あれ	phe-tsu　あれら

指示代名詞は指示形容詞としても使われる．
　pecha-di　この本
　pecha-di-tsu　これらの本

その中で，di は特殊で，他の代名詞とは少し違っている．
　'ani pecha-di　あの本
　'aphe pecha-di gaci-mo　あの本はなんですか．
　'aphe 'ma:p-di-tsu gaci-mo　これらの赤いのはなんですか．
　nyi(-gi) pecha-di　私のこの本

2．人称代名詞

単数	複数
nga/nyi　私	ngace/ngaca(-chachap)　私たち
chö　あなた	chö/ce-chachap　あなた方
na　あなた（敬語）	na-chachap　あなた方（敬語）
kho　かれ	khong　かれら
mo　かのじょ	

第 2 課　名詞, 代名詞

連結辞

　　da　と
　　　kho da mo　かれとかのじょ
　　　ba da 'lang　雌牛と雄牛
　　ya/yäcin　か
　　　'ani ya 'aphe　これかあれ
　　　yäcin dari yäcin na:pa　今日か明日

ブータン人の人名

　ブータン人の名前のローマ字表記には一定の法則がなく, ゾンカ語の発音に近いローマ字綴りというところである. その結果ゾンカ語では同じ名前が, 様々にローマ字表記される. 例えば Dorji/Dorje (本書での発音表記では /dorje/) Namgye/Namgyel/Namgyal (/namgäl/), Peljor/Penjor/Paljor (/penjor/), Rabten/Rubten (/raptän/), Rigzin/Rinzin (/rindzin/), Sangye/Sangay (/sang-gä), Singye/Senge/Singye (/seng-ge/) といった具合である.
　一般にブータン人の名前は, Sangye Penjor, Dorje Tshering, Tshewang Rinzin といったように, 前後二部からなっており, 各部が二音節 (稀に一音節) である. しかし前者が名前で, 後者が姓ということではない. ブータン人には, 家族を表わす姓はなく, 例えば Dorje Tshering と Tashi Tshering は, Tshering が共通であるからといって, 同じ家の者, あるいはなんらかの親戚関係にあるとはかぎらない.
　女の人は結婚後も名前を変えないし, 子供には両親とは全く異なった名前を付けることも稀ではない. それ故に, 主人が Ugyen Tenzin で, 奥さんが Tshering Lhamo, その息子が Nyima Gyeltshen で, 娘が Kezang Wangmo というようなことも普通である.
　ほとんどの名前は男性, 女性両方に用いられる. それ故に, ブータン人の名前からはその性別を断定することは不可能である. しかし, 中には殊に女性に用いられる名前がある. (この場合, 普通には後部に用いられる) その

主なものを挙げると，Choeden, Choekyi, Dekyi, Drolma（＝Dem），Lhamo（＝Lham），Norzom, Tshokyi, Wangmo（＝Om），Yangkyi, Yudron, Zangmo（＝Zam）などである．例えば，Rinzin Lham, Nyima Om, Dechen Zam などは典型的な女性の名前である．

第3課　形容詞 (1)

形容詞

形容詞は，形容する名詞の直後に置かれる．
    meto 'ma:p　　　赤い花
    la: lesha　　　たくさんの仕事

指示形容詞，複数辞，数詞は，形容詞の後に置かれる．

名詞	形容詞	指示形容詞	複数辞 / 数詞	
meto	'ma:p			ci	赤い花一輪
meto	'ma:p			sum	赤い花三輪
meto	'ma:p	di			この赤い花
meto	'ma:p	di	-tsu		これらの赤い花
meto	'ma:p	di		sum	この赤い花三輪

次の二例のように，語順の違いで意味が微妙に違ってくる．
    pecha 'ma:p di sum　　　この赤い本三冊（同じ本）
    pecha 'ma:p sum di-tsu　　これらの三冊の赤い本（違う本）

形容詞は，指示代名詞のようにも用いられる．
    nga-lu 'ma:p ci go　　　私は赤いのが一つ欲しい．
    kho ka:p-di-lu ga　　　かれはこの白いのが好きです．

色

    'nap　黒　　　　　　　　'höm　青
    jangkhu　緑　　　　　　 jang-na(k)　（黒い）緑
    jang-se　(明るい) 緑　　 thäka　灰色
    liwang　オレンジ　　　　shakha　ピンク
    jamu　紫　　　　　　　　'ma:p　赤

ka:p　白　　　　　　se:p　黄色

よく使われる形容詞

-gera/gayera　すべて，全部
　shogu-di-tsu gera　この紙全部
　'mi gayera　全員
-lalu　いくつか，あるもの
　'mi lalu　幾人か，ある人たちは
-zhän(-mi)　別の，他の
　pecha zhän(-mi) ci　もう一冊別の本
　pecha zhän(-mi)-tsu　別の本何冊か
　'mi zhän-tsu　ほかの人たち
-madrau　様々な，異なった
　ri madrau　様々な種類
-chora-ci/chora-the　同じ，同一の
　'ani da 'aphe chora-the　これとあれは同一です．
　gong chora-ci　値段は同じです．

第4課　後置辞

　後置辞の中でもっとも重要なのは，-lu, -le, -gi の三つで，文中における名詞句の役割，動詞との関係を規定する．

-lu　場所，方向，動作の目的，所有主を表わす．
　　nga thimphu-lu jo-ni　　　　私はティンプに行きます．
　　che-chachap gate(-lu) döp-mo　あなた方はどこに住んでいますか．
　　ngace paro(-lu) döp-'ing　　　私達はパロに住んでいます．
　　dropa chutshö gä:-lu sho　　　朝八時に来なさい．
　　nga-lu 'lap　　　　　　　　　私に言いなさい．
　　nga-lu gu dö　　　　　　　　私を待ちなさい．
　　chö-lu gaci go-ni　　　　　　あなたには何が要りますか．
　　charo-lu cho:m 'ing　　　　　友達への土産です．

-le　出発点，起原を表わす．
　　chö gade-le mo　　　あなたはどこ出身ですか．
　　nga japan-le 'ing　　私は日本出身（＝日本人）です．

-gi　この後置辞は，文語では，元来二つの異なったものであったものが，口語では同じ発音となって区別されなくなった．それ故に，機能は多様で，大きく次の四つに分けられる．
　1）ある行為を行う人，あるいは道具を表わす．
　　kho-gi be-i　　　　　かれがしました．
　　gola gimtsi-gi dra　　鋏で布を切る．
　　thou-gi do trum　　　金槌で石を割る．
　2）理由
　　me yö-ni-de-gi na dro-toto du
　　　火があるので，ここは暖かい．

kau cab-ni-de-gi 'name-same jang-me
雪が降るのでとても寒い．
dari nyim sha:-ni-de-gi 'name-same drö yö
今日は日が照っているのでとても暑い．
nga la: lesha yö-ni-gi mi kom
私は仕事が多いので暇がありません．

3) 所有

chö-gi ming gaci-mo	あなたの名前は何ですか．
nyi(-gi) ming penjor 'ing	私の名前はペンジョルです．
di kho-gi rochi 'ing-na	これはかれの犬ですか．
meng. mo-gi 'ing	いいえ，かのじょのです．

4) 材料，帰属など

shing-gi zam	木の橋
cak-gi thou	金槌
dru-gi gälda:	ブータン国旗

第5課　語　順

　ゾンカ語の語順は，日本語とよく似ており，一般に主語，目的語，述語/動詞の順である．

　　　nga pecha ta-ni　　　私は本を読みます．（私，本，読む）
　　　kho la: be-de　　　　かれは仕事をしています．（かれ，仕事，する）
　　　'ani meto 'ing　　　　これは花です．（これ，花，です）
　　　'ani-tsu leshom du　　これらはいいです．（これら，いい，です）
　　　nga thimphu-lu jo-ni　私はティンプに行きます．（私，ティンプ，に，行く）

　語順で日本語と違うのは，形容詞，指示詞，数詞などが，名詞の前ではなく後ろに来ることである．

　　　pecha di　　　　　　この本（本，この）
　　　meto 'ma:p ci　　　　一輪の赤い花（花，赤い，一）
　　　meto 'ma:p di　　　　この赤い花（花，赤い，この）
　　　meto 'ma:p di sum　　この赤い花三輪（花，赤い，この，三）

　日本語同様，ゾンカ語では，前後の文脈からはっきりしている時は，主語，目的語が往々にして省かれる．

　　　(chö) to za-i-ga　　　食事をしましたか．（主語「あなた」が省かれている）
　　　(chö 'ani) go-ga　　　要りますか．（主語「あなた」も，目的語「これ」も省かれている）

第6課　述語動詞

ゾンカ語には，主語と述語を結び付ける述語動詞が 'ing, 'imbe, yö, du の四つある．

  nga sonam 'ing   私はソナムです．
  kho drup 'ing   かれはブータン人です．
  kho zu thungku 'imbe   かれは背が低い．
  (di) leshom 'imbe   （これは）いい．
  chö-gi 'alu-tsu leshom-be yö-ga 子供さんたちは元気ですか．
  gayera leshom-be yö   全員元気です．
  dari 'nam hing-sangsa du   今日はいい天気です．
  meto-ni ka:p du   この花は白い．

これら四つの動詞相互間の相違は非常に微妙で，その使い分けは外国人にとって最も難しいことの一つであろう．ゾンカ語を母国語とする人の会話に多く接して，そこから演繹的に理解していくことがもっとも確実な方法であろう．以下に一般的な特徴を述べると，

 'ing と yö は，長期間にわたる観察，経験に基づいたこと，一般的な事実，真実を述べる．

 'imbe と du は，短期間の特定の個人的経験とか観察に基づいた事柄を伝える．

例

  köncho-sum-gi jinlap-di bo:m 'ing 三宝の御加護は偉大である．
                （真実）
  'om-gi do ka:p 'ing   牛乳の色は白い．（一般的事実）
  nyi-gi bu zu thungku 'ing   私の息子は背が低い．（熟知事項）

第6課　述語動詞

kho-gi bu zu thungku 'imbe	かれの息子は背が低い．（初めて見た）
chö-gi bum-di 'name-same jarim yö	あなたの娘はとてもきれいです．（昔からよく知っている）
bum-di 'name-same jarim du	この娘はとてもきれいです．（道ですれ違った娘を指して）
thimphu ga-toto yö-ga	ティンプは快適ですか．（居住者に向かって）
thimphu ga-toto du-ga	ティンプは快適ですか．（新来者あるいは訪問者に対して）
seshe-meto-gi drim leshom yö	マリゴールドはいい匂いがします．（一般的事実）
meto-di-gi drim leshom du	この花はいい匂いがします．（特定事項）

　yö と du は，後置辞 -lu, -na を伴って，所有とか存在の意味で用いられることがある．

　所有の意味では，一般に第一・第二人称には yö，第三人称には du が用いられる．

　存在の意味では，yö と du の間には，上述した述語動詞の場合と同じ用法の区別があり，yö は一般的・長期的なこと，du は短期的・特定的な事柄に用いられる．

dau ci-na dünthra zhi yö	一ケ月には四週間あります．
bü:-lu ri madrau lesha yö	蛇にはたくさんの種類があります．
chö-lu 'apa da 'ai yö-ga	父親，母親とも健在ですか．
dari namkha-lu samu lesha du	今日は空に雲が多いです．

第1部　発音と文法

chö-lu 'alu yö-ga	あなたは子供がいますか.
kho-lu 'alu du-ga	かれには子供がいますか.
nyi-gi dumra na(ng)(-lu) meto lesha yö	私の庭には花がたくさんあります.
kho-gi dumra na(ng)(-lu) meto lesha du	かれの庭には花がたくさんあります.

第7課　動　詞

　フランス語，英語といったインド・ゲルマン語族の動詞とは異なり，ごく少数の例外を除いては活用しない．つまり
　1) 主語の人称とか単数・複数によって変化しない．
　　　nga sonam **'ing**　　　　私はソナムです．（一人称）
　　　chö sonam **'ing**　　　　あなたはソナムです．（二人称）
　　　kho sonam **'ing**　　　　かれはソナムです．（三人称）
　　　nga dzongkha **she**　　　私はゾンカ語が分かります．（一人称）
　　　chö dzongkha **she**　　　あなたはゾンカ語が分かります．（二人称）
　　　kho dzongkha **she**　　　かれはゾンカ語が分かります．（三人称）
　2) 現在，現在進行形，未来，過去といった時制によって変化しない．
　　　nga la: **be**-do　　　　　私は仕事をしています．（現在進行形）
　　　nga la: **be**-ni　　　　　私は仕事をします．（現在，未来）
　　　nga la: **be**-i　　　　　　私は仕事をしました．（過去形）
　　　kho to **za**-de　　　　　かれは食事をしています．（現在進行形）
　　　kho to **za**-ni　　　　　かれは食事をします．（現在，未来）
　　　kho to **za**-i　　　　　　かれは食事をしました．（過去形）
　唯一の例外は，jo-ni 行くという動詞で，過去形に song という特別な形を持っている．
　　　kho **jo**-de　　　　　　かれは行きつつあります．（現在進行形）
　　　kho **jo**-ni　　　　　　かれは行きます．（現在）
　　　kho na:pa **jo**-ni　　　　かれは明日行きます．（未来）
　　　kho khatsha **song**-i　　かれは昨日行きました．（過去形）
　以上の例文からも分かるように，現在，現在進行形，未来，過去といった時制は -do/de（現在進行形），-ni（現在，未来），-i（過去）といった後置辞，接尾辞で表現される．

不定形

不定形は動詞の語幹に -ni を付けて作られる．
- **be-ni** する
- **dri-ni** 描く
- **jo-ni** 行く
- **lha(p)-ni** 学ぶ
- **nyo-ni** 買う
- **thung-ni** 飲む
- **she-ni** 知る
- **ta-ni** 見る

動名詞

不定形は，動名詞としても用いられる．
- **rimo dri-ni lha(p)** 絵を描くことを学ぶ．
- **rimo dri-ni lakha du** 絵を描くのは難しい．
- **kho thab ja-ni-lu ga** かれは喧嘩が好きです．
- **nga(-lu) thung-ni ci go** （何か）一つ飲み物が欲しい．

複合動詞

ゾンカ語の特色のひとつは，名詞の後に「する」，「作る」，「送る」といった一般的な意味をもつ動詞を加え，新しい意味を持つ動詞を作ることである．

be-ni する
- **la: be-ni** 働く
- **rokram be-ni** 援助する
- **zhipcä be-ni** 検査する
- **güzhap be-ni** 尊敬する

cap-ni 実行する
- **cokha cap-ni** 修理する
- **jangkha cap-ni** 計算する
- **zhapthra cap-ni** 踊る
- **'nyen cap-ni** 結婚する
- **gopsha cap-ni** 分ける

tang-ni 送る
- **tshön tang-ni** 彩色する
- **'nosam tang-ni** 考える
- **mep tang-ni** 壊す

第7課　動　詞

tap-ni　行なう
　　'mönlam tap-ni　祈る　　　　pa: tap-ni　写真を撮る
　　so tap-ni　噛む
zo-ni　作る
　　charzhi zo-ni　計画する

語幹変化

ある種の後置辞が付く時には，動詞の語幹は少し変化し，-m, -(w)u, -pa/-wa, -pe/-(w)e が付く場合がある．その主なものを以下に挙げると，

　一群　**-p, -m** で終わる動詞語幹

	-da	-cin	-gang
cap-ni	cap-da	cap-**pa**-cin	cap-**pe**-gang
pham-ni	pham-da	pham-**pa**-cin	pham-**pe**-gang

　二群　**-n, -ng** で終わる動詞語幹．
　　　-n, -ng は -(n)m, -(ng)m になる．

jin-ni	ji(n)**m**-da	ji(n)**m-pa**-cin	ji(n)**m-pe**-gang
len-ni	le(n)**m**-da	le(n)**m-pa**-cin	le(n)**m-pe**-gang
'nang-ni	'na(ng)**m**-da	'na(ng)**m-pa**-cin	'na(ng)**m-pe**-gang
thung-ni	th(ng)**m**-da	thu(ng)**m-pa**-cin	th(ng)**m-pe**-gang

　三群　母音で終わる動詞語幹．二タイプに分かれる．
　-pa/pe タイプ

lha-ni	lhap-da	lha-**pa**-cin	lha-**pe**-gang
lu-ni	lup-da	lu-**pa**-cin	lu-**pe**-gang
she-ni	shep-da	she-**pa**-cin	she-**pe**-gang
go-ni	gop-da	go-**pa**-cin	go-**pe**-gang
dö-ni	döp-da	dö-**pa**-ciń	dö-**pe**-gang

-wa/(w)e タイプ

za-ni	za(w)u-da	za-**wa**-cin	za-(**w**)**e**-gang
shi-ni	shi(**w**)**u**-da	shi-**wa**-cin	shi-(**w**)**e**-gang
gu-ni	gu(**w**)**u**-da	gu-**wa**-cin	gu-(**w**)**e**- gang
dzü-ni	dzü(**w**)**u**-da	dzü-**wa**-cin	dzü-(**w**)**e**-gang
be-ni	be(**w**)**u**-da	be-**wa**-cin	be-(**w**)**e**-gang
jo-ni	jo(**w**)**u**-da	jo-**wa**-cin	jo-(**w**)**e**-gang

　動詞語幹の形だけからは，その動詞が -pa/pe タイプなのか -wa/(w)e タイプなのかを知ることはできない．それ故に，一つ一つの動詞に対してどちらのタイプなのかを覚えなくてはならない．

第8課　疑問文，否定文

疑問文

疑問文を作るのには，二つの方法がある．
1. 「はい」，「いいえ」という返事を期待する疑問文は，肯定文の後に疑問辞を付ける．
2. 事柄を聞く時には，「何」，「誰」，「どうして」といった疑問詞を用いる．

疑問辞

-ga
  chö dzongkha she-ga　　　　ゾンカ語を知っていますか．
  chö nga bo-i-ga　　　　　　私を呼びましたか．
  di she-ci-ga　　　　　　　　これ分かりましたか．
  chö-lu 'alu yö-ga　　　　　　あなたは子供がいますか．
  kho drup 'imbe-ga　　　　　かれはブータン人ですか．

-ya　-ga よりも親しみのある感じ
  chö dzongkha she-ya　　　　ゾンカ語を知っていますか．
  chö nga bo-i-ya　　　　　　私を呼びましたか．
  di she-ci-ya　　　　　　　　これ分かりましたか．
  chö-lu 'alu yö-ya　　　　　　あなたは子供がいますか．
  kho drup 'imbe-ya　　　　　かれはブータン人ですか．

-na
  'ing-na　　　　　　　　　　そうですか．
  chö drup 'ing-na　　　　　　あなたはブータン人ですか．

pecha-di chö-gi 'ing-na　　この本はあなたのですか．
na ja zhe-na　　お茶を飲みますか．(＝お茶を勧める)
(na ja zhe-ga　ただ，お茶を飲むかどうか，を聞いている)

-mo（低声調音），二者択一の場合．
　　chö-gi chim di-mo 'aphe-mo　　あなたの家はこれですか，あれですか．
　　ja zhe-ni-mo chang zhe-ni-mo　　お茶を飲みますか，チャン(酒)を飲みますか．

疑問詞

　文中に挿入するだけで疑問文になるが，文末に疑問辞 -mo を併用する場合もある．
ga　誰
　　mo ga-mo　　かのじょは誰ですか．
　　chim-di ga-gi-mo　　この家は誰のですか．
gaci　何
　　'ani gaci-mo　　これは何ですか．
　　gaci be-i　　何をしましたか．
gaci-be　どうして（理由）
　　chö gacibe ngu-i　　どうして泣きましたか．
　　chö na-lu gaci-be wong-i　　どうしてここに来ましたか．
gade-be　どう（状態，手段）
　　dru-'ü gade-be du　　ブータンはどうですか．
　　chö 'amtsu gade-be yö　　あなたの奥さんはどうですか．
　　chö gade-be jo-ni　　あなたはどうやって(手段)行きますか．
gade(m)ci　いくら
　　ni gong gadeci-mo　　これはいくらですか．
　　tiru gadeci trö-ci　　いくら払いましたか．
　　chö dau gadeci dö-ci　　何カ月いましたか．

第8課　疑問文, 否定文

gade-re　いくら（単価）
 'lambenda gade-re-mo　　トマトは（1キロにつき）いくらですか.

gade　どこ
 chö gade(-lu) jo(w)u-mo　　どこに行きますか.
 chö 'ü: gade-le-mo　　出身地はどこですか.

nam　いつ
 kho nam wong-ni-mo　　かれはいつ来ますか.

否定文

否定文は, 否定辞を動詞の前に付けて作る.

mi(n)　現在形と未来形
 nga mi jo　　私は行きません.
 nga kho ngo mi she　　私はかれを識りません.
 cha:p mi cap　　雨は降りません.
 kho min(d)u　　かれはいません.

ma　過去形と命令形（形の上での区別はない）
 nga chang ma thung　　私はチャン（酒）を飲みませんでした.
 chang ma thung　　チャン（酒）を飲むな.
 kho ma song　　かれは行きませんでした.
 ma song　　行くな.

動詞 'ing, 'imbe, yö, du の否定形は, 以下の通りである.

肯定形	否定形
'ing	meng
'imbe	me(ng)mbe
yö	me(ng)
du	min(d)u

mapa-le(ra/rang)＋否定＝全然
 domsha mapa-le za-do meng 熊の肉は全然食べません．
 mapa-le mi she 全然知りません．
tsa-le ra(ng)＋否定＝全然，一切
 dzong na-lu pa: tsa-le ゾンの中では写真は一切禁止です．
 (-ra) tap mi cho
 kho tsa-le nyän mi thup かれは全然言うことを聞きません．
ci:ya(ng)＋否定＝一つも
 meto ci-ya(ng) me(ng) 花は一つもありません．
ye/yang＋否定＝～も
 kho-gi-ya(ng) mi she かれも知りません．
 nga-ye mi jo 私も行きません．

　否定文のなかで，疑問辞に ye/yang が付くと，「何も，どこも，誰も」といった意味になる．
ga-ya(ng)　誰も
 ga-ya(ng) ma lhö 誰も着いていません．
 ga-gi-ya(ng) mi she 誰も知りません．
 zhän ga-lu-ya(ng) ma 'lap 'me 他の誰にも言うな．

gaci-ya(ng)/gani ya(ng)　何も
 kho gaci-ya(ng) mi she かれは何も知りません．
 gani-ya(ng) me(ng) 何もありません．
gate-ya(ng)　どこにも
 nga gade-ya(ng) ma song 私はどこにも行きませんでした．

nam-ya(ng)　いつまでたっても
 la:-di nam-ya(ng) mi tsha: この仕事はいつまでたっても終わりません．

第 9 課　現在形

何も付けずに，動詞の語幹だけで表現する．
 dari tshe ce-nga 'ing   今日は 15 日です．
 nga-lu 'alu sum yö   私には子供が三人います．
 kho dzongkha she   かれはゾンカ語を知っています．
 kho thap ja-ni-lu ga   かれは喧嘩が好きです．

しかし，往々にして -me -be -ye といった接尾辞が加えられる．それらは，ある種の感情を付加するものであるが，非常に微妙である．
-me　第一人称か，直接知っている事柄．
 nga guto na(w)u-me   私は頭が痛い．
 chö da leshom cap-me   あなたは弓がうまい．
 lham di leshom tho(ng)m-me この靴は見栄えがいい．
 kho 'atara ni be(w)u-me   かれはいつもこれをする．
-be　これといった意味はないが，表現を柔らかくする．
 'ing-be   そうです．
 nga thung-ni ci go-be   私は（何か）一つ飲み物が欲しい．
 nga(-lu) thung-ni
  gani-ya(ng) mingo-be   私は飲み物は何も欲しくありません．
-ye　多くは，動詞，形容詞の後に付き，驚きを表現する．
 kho thap ja-ni-lu ga-ye   かれは喧嘩が好きです．
 gong 'name-same tho-ye   値段がとても高い．
'ing　特徴，習慣を著わす．
 'nam bya:-lu cha:p cap 'ing 夏は雨が降ります．
 nga doma za(w)u 'ing   私はドマを食べます．
 nga paro-lu döp 'ing   私はパロに住んでいます．
'mo（高声調）　念を押す．（疑問辞の mo（低声調）と混同しないこと）
 kho sonam 'ing 'mo   かれはソナムですよね．

chö na:pa wong-ni 'mo　　あなたは明日来ますよね．

現在進行形

-do（一人称と二人称）
　　nga wong-do　　　　　　私は来ます．
　　nga shi-do　　　　　　　私は死にそうです．
　　chö dato la: be-do-ga　　あなたは今仕事をしていますか．
-de（三人称）
　　cha:p cap-de　　　　　　雨が降っています．
　　kho kha 'lap-de　　　　　かれは話しています．

否定形

mi(n)　動詞の前に，否定辞 mi(n) を置く．
　　kho thap ja-ni-lu mi ga　　かれは喧嘩が好きではありません．
　　'nam gün-lu cha:p mi cap　冬は雨が降りません．
　　kho mi wong　　　　　　かれは来ません．
　　nga(-lu) thung-ni mingo　私は飲み物は欲しくありません．
　　(-be)
meng　'ing, yö の否定形
　　dari tshe ce-nga meng　　今日は15日ではありません．
mindu/minu　du の否定形
　　gani-ya(ng) mindu　　　何もありません．

動詞＋-ra mi＋動詞＝"絶対に（し）ない"
　　nga chang thung-ra mi thung　私は絶対にチャンを飲みません．
　　nga kho ngo she-ra mi she　　私はかれとは全然面識がありません．

第9課　現在形

疑問形

1) 文末に疑問辞 -ga, -na を付ける.
   kho dzongkha she-ga　　　かれはゾンカ語を知っていますか.
   kho dato la: be-de-ga　　かれは今仕事していますか.
   dari tshe ce-nga 'ing-na　今日は15日ですか.
2) 疑問詞を用いる.
   kho dato gaci be-de　　　かれは今何をしていますか.
   chö gaci be(w)u-mo　　　 あなたは何をしていますか.
   ga wong-de　　　　　　　 誰が来ますか.
   chö gade döp-mo　　　　　あなたはどこに住んでいますか.

第10課　未来形

　原則として，現在形と区別がない．多くは文脈から未来であることが推測されるか，時を表わす副詞によって明示される．
　　　nga jo　　　　　　　　私は行きます．
　　　nga na:pa jo　　　　　私は明日行きます．

　次の二つの助動詞，接尾辞を用いる場合がある．
wong　動詞「来る」の助動詞用法．可能性，多分．
　　　na:pa cha:p cap wong　　明日雨が降るでしょう．
　　　chö jopa(-ra) dra wong　あなたは早く治るでしょう．
-ni(-'ing)　話者の意志．
　　　nga 'inda dangpa-lu　　私は1月に来ます．
　　　　wong-ni(-'ing)
　　　nga di ba jo-ni(-'ing)　私はこれを持っていきます．

否定形

　動詞の前に mi を置く．現在形との違いは一切ないが，未来を表わす副詞とか，文脈で未来であると理解できる．
　　　nga 'inda dangpa-lu mi wong　　私は1月に来ません．
　　　nga di ba mi jo　　　　　　　　私はこれを持って行きません．
　助動詞 wong の否定形は，mi を wong の前ではなく，主動詞の前に挿入する．
　　　na:pa cha:p mi cap wong　　明日は雨が降らないでしょう．
　　　kho jopa(-ra) mi dra wong　かれは早くは治らないでしょう．

第10課　未来形

疑問形

1) 疑問辞を用いる.
 kho 'inda dangpa-lu wong-ni-ga   かれは1月に来ますか.
 chö di ba jo-ni-ga   あなたはこれを持って行きますか.
 kho jopa(-ra) dra wong-ga   かれは早く治りますか.

2) 疑問詞を用いる.
 'inda dangpa-lu ga wong-ni(-mo)   1月に誰が来ますか.
 di ga-gi ba jo-ni(-mo)   これは誰が持って行きますか.

第11課　過去形

過去形を表わすのには，二通りの方法がある．

1. 動詞を重複した後に 'ing を付ける．

   tshön lhadrip-gi tang-ta(ng)m 'ing　　画家が絵を描きました．
   ni kho-gi nga-lu jin-ji(n)m 'ing　　これはかれが私にくれました．
   khasha-di lakpä tha-thap 'ing　　この布は手織りです．

2. 動詞の後に接尾辞を付ける．接尾辞は，大きく -i, -nu の二系統に分かれる．

   1) -i 系統：主語が第一人称か，目撃した，あるいは直接知っている事柄．
   -i , -ci
   　　nga-gi nya bo:m ci zung-i　　私は大きな魚を一匹釣りました．
   　　nga la: be-i　　私は仕事をしました．
   　　'män za-i　　（私は）薬を飲みました．
   　　kho hago-i　　かれは分かりました．
   　　mo-lu 'lap-ci　　かのじょに言いました．
   　　tiru sumja trö-ci　　（私は）300 ヌルタム払いました．
   　　kho chutshö cu-nyi-lu lhö-ci　　かれは12時に着きました．
   -da-i
   　　nga la: be da-i　　私は仕事しました．
   　　nga-gi pho:p cha:-da-i　　私はお椀を割りました．
   　　dari chö ja pho:p sum
   　　　thung-da-i　　今日あなたはお茶を三杯飲みました．
   -tsha:-i
   　　dato tsha:-i　　今終わりました．

第11課　過去形

thung tsha:–i	飲み終わりました.
–(ya–)so–i	
'apa shi–so–i	父は死にました.
phe–tsu pham–so–i	これらは負けました.
nyi–gi 'azhim–di 'nyen cap–de dau ci ya–so–i	私の姉が結婚してから一カ月が経ちました.

2) –nu 系統：自分が目撃せず，直接の知識がないこと．原則的には第一人称には使えない．

–nu	
kho–gi yigu ci dri–nu	かれは手紙を一通書きました.
–da–nu	
demi cap–da–nu	鍵がかかっています.
shogu pe–da–nu	紙が裂かれています.
[(nga) shogu pe–da–i	(私は) 紙を裂きました]
–tsha:–nu	
mo tha thak–tsha:–nu	かのじょは織り終えました.
to be–tsha:–nu	食事の準備は終わりました.
–(ya–)so–nu	
mo shi–so–nu	かのじょは亡くなりました.
chö–gi nga ngo je–so–nu	あなたは私を忘れました.
kho chup　ya–so–nu	かれは金持ちになりました.

否定形 (形の上では，命令形の否定形 (55頁) と同じ)

動詞の前に ma を付ける．

tshön lhadrip–gi ma tang	この絵は画家が彩色したのではありません.
nga kho–lu ma 'lap	私はかれに言いませんでした.

動詞＋–ra(ng) ma＋動詞＝決して，絶対に

nga kho thong–ra(ng)	私はかれを見たこともありません.

ma thong
　　　nga she-ra(ng) ma she　　　私は全然知りませんでした．

疑問形

1．動詞の重複の後に 'ing が付いた文章の場合．

　1) 文末に -na が加えられる．
　　　tshön lhadrip-gi tang-ta(ng)m　　画家が彩色したのですか．
　　　'ing-na
　　　ni kho-gi chö-lu jin-ji(n)m 'ing-na　これはかれがあなたにあげ
　　　　　　　　　　　　　　　　　　　たものですか．
　　　khasha-di chö-gi tha-thap 'ing-na　この布はあなたが織ったの
　　　　　　　　　　　　　　　　　　　ですか．
　2) 疑問詞がある時は，文末の'ing は省かれ，-mo が加えられる．
　　　chö nam 'nyen capcap-mo　　　あなたはいつ結婚したので
　　　　　　　　　　　　　　　　　　　すか．
　　　demi ga-gi capcap-mo　　　　誰が鍵をかけたのですか．
　　　'ma-di gade-be thön-thö(n)m-mo　この傷はどうしたのですか．

2．接尾辞を伴った文章の場合．

　1) 文末に -ga 付ける．
　　　da 'atsitsi dra-i-ga　　　　　今少しは治りましたか．
　　　chö-gi 'yak thong-ci-ga　　　あなたはヤクを見たことありますか．
　2) 疑問詞がある時は，そのままで疑問形になるが，-mo が加えられる場
　　　合もある．
　　　chö-gi gaci be-i(-mo)　　　　あなたは何をしましたか．
　　　tiru gadeci trö-i(-mo)　　　　いくら払いました．
　　　chö dau gadeci dö-ci(-mo)　　何カ月いましたか．
　　　dzongkha gade lhap-ci(-mo)　どこでゾンカ語を習いましたか．

第12課　形容詞 (2)

　述語形容詞は一般に du, 'ing (否定形は各々, min(d)u, meng) のうち，どちらかの述語動詞を必要とする．
　　　'nam hing-sangsa du　　　　　空は澄んでいます．
　　　na shing-drä kä-toto du　　　　ここは果物が安い．
　　　di leshom mindu　　　　　　　これはよくありません．
　　　chu tshatom du-ga　　　　　　水は熱いですか．
　　　[chu tshatom yö-ga　　　　　　お湯がありますか．]
　しかし，動詞なしでも述語になることがあり，その場合は -ye, -be といった接尾詞が付けられる．
　　　'inda gäpa-lu drö che-ye　　　　8月は暑さが厳しい．
　　　gong 'name-same tho-ye　　　　値段が非常に高い．
　　　doma-di 'name-same zhim-be　　このドマはとてもおいしい．
　形容詞+-ra(ng) (+形容詞) で，「非常に」とか「あまりにも」といった意味を表わす．
　　　gong tho-ra(ng) tho-ye　　　　　値段が高すぎます．
　　　nyi sim dato chung-ku-ra(ng)　　私の妹はまだ小さすぎます．
　　　　'imbe

比較級

　比較する物の後に，-wa, -le をつける．
　　　dru-lung-wa ja-lung bo:m　　　　ブータンよりインドの方が大きい．
　　　di-wa gong chungso ci tön　　　　これより安いのを（一つ）見せてく
　　　　'nang　　　　　　　　　　　　ださい．
　　　kho-le mo zu ri:m　　　　　　　かれよりもかのじょの方が背が高い．

最上級

1) 形容詞の後に -shö(-ra) を付ける.
   dzamling-na gälkhap bo:m-shö(-ra) 'urusu 'ing　世界で最大の国はロシアです.
   gong che-shö do:ji phalam 'ing　最も高価なのはダイヤモンドです.

2) 比較級に最上級を示唆する表現をつけたりして，最上級を表わす.
   pecha zhän-tsu-wa di le-be　他の本よりこれがいい.
   pecha-di-tsu na(ng)-le di le-be　これらの本の中で，これがいい.
   'inda gäpa-lu-ra(ng) drö che-ye　8月こそ暑さが厳しい.

複合形容詞

二音節語（多くは音節を重複したもの）を後に付けることによって形成される形容詞が数多くある.

pa(k)pa	tu:-pa(k)pa 固い	kha-pa(k)pa 濃い
sangsa	hing-sangsa 澄んだ	dang-sangsa きれい
sisi	khamlo-sisi 汚い	pcha-sisi 細い
thröthrö	sap-thröthrö 薄い	si-thröthrö 冷たい
	yang-thröthrö 軽い	kam-thöthrö 乾いた
tangta	thrang-tangta 真直ぐ，正直	
to(ng)to	de-toto 快適	ga-toto 嬉しい
	jam-toto たやすい	kä-toto 安い
	tsang-toto 清潔	zhim-toto 美味しい
tratra	sa-tratra 硬い	

第13課　副　詞

　副詞は，形容詞，動詞の前に置かれる．
　ゾンカ語の副詞は決して多くはなく，多くは形容詞の後に -be を付けて作られる．
　　gole-be jo　　　　　　　ゆっくり行く．
　　leshom-be ta　　　　　　よく見る．
　　hing-sangsa-be dö　　　きれいにしている．
他にも，名詞とか代名詞と後置辞の組み合わせで作られるものもある．
　　di-lu　　　　　　　　　ここ（これ（＝この場所）＋に）
　　kha-gi　　　　　　　　 口頭で（口＋でもって）

よく使われる副詞

場所を表わす副詞

　　pchikha(-lu)　外　　　　　　　**na(ng)-na(-lu)**　内
　　bana(-lu)　間　　　　　　　　**bu-na**　まん中
　　bolokha(-lu)　近く　　　　　 **tha ringsa**　遠い所
　　lä/jü-de　（～を）通って　　　**hong-lu/cho-lu**　（～の）方向に
　　dongkha(-lu)　真ん前に　　　　**japkha(-lu)**　（～の）後【うしろ】に
　　zukha(-lu)　脇に　　　　　　　**gä:**　（～を）通り過ぎて
　　'yön-khatu(-lu)/'yön-le　左側　**'yä-khatu(-lu)/'yä-le**　右側
　　tshu-khatu　こちら側　　　　　**pha:-khatu**　向こう側
　　na　ここ　　　　　　　　　　　**pha:**　あそこ
　　ta-lu　上手【かみて】　　　　　**wo-lu**　下手【しもて】
　　gu(-lu)　上　　　　　　　　　 **ya:**　上
　　ma:　下　　　　　　　　　　　 **gade-ye/ya(ng)**　どこでも
　一般には，-gi を連結辞にして用いられる．
　　chim-gi dongkha(-lu)　　　　　家の前

　　　　　　　　　第1部　発音と文法

　　　chim-gi japkha(-lu)　　　　　　家の後
　　　chim-gi zukha(-lu)　　　　　　　家の脇
　　　chim-gi na(ng)-na(-lu)　　　　　家の中
　　　chim-gi bolokha(-lu)　　　　　　家の近く

時を表わす副詞
　　　dato　今　　　　　　　　　　　dari-kapci　現在，この頃
　　　tha:ma/shu-le/ting-le　後で　　 'hema/'ngema　以前
　　　'atara　いつも　　　　　　　　 tabura　常に，いつも
　　　threthre-ra　度々　　　　　　　kapkap-le/lu　時々

態度を表わす副詞
　　　jopa　早く　　　　　　　　　　gole-be/drögi-be　ゆっくり
　　　lokde　再び，また

程度を表わす副詞
　　　halamci　ほとんど
　　　　halamci tsha:-i　　　　　　　ほとんど終わりました．
　　　'atsi(tsi)/dumdraci　すこし
　　　　'atsitsi dra-i　　　　　　　　少し治りました．
　　　'name-same　とても
　　　　'name-same bo:m　　　　　　　とても大きい．
　　　leshom(-be)　よく
　　　　kho dzongkha leshom(-be)　　　かれはゾンカ語をよく知っていま
　　　　　she　　　　　　　　　　　　す．

役に立つ表現

-ye/ya(ng)　も
　　　nga-ye jo-ni　　　　　　　　　 私も行きます．
　　　nga 'ani-ya(ng) go　　　　　　　私はこれも欲しい．

第13課　副　詞

  nga-ya(ng) 'ani go   私もこれが欲しい．
daru　更に
  daru ci   もう一つ
  daru tsha: ci   もう一度
camci: ～だけ
  di camci   これだけ
  kho camci song-i   かれだけ行きました．
-mato ～以外
  kho-mato ga-ye mi she   かれ以外は誰も知りません．
  di-mato me(ng)   これ以外はありません．
dön-lu/le （～の）ために
  kho-gi dön-lu   かれのために
  gaci-gi dön-le di nyo-nyo- 何のためにこれを買ったのですか．
   (w)u-mo
(da-)cikha/nyamci （～と）一緒に
  nga kho (da-)nyamci jo-ni 私はかれと一緒に行きます．
  pecha-di chö da-cikha zha この本はあなたのところに置いて
            おいてください．
gaci-mo ze-wa-cin なぜなら
  kho mi wong. gaci-mo   かれは来ません．なぜなら，かれ
   ze-wa-cin kho na-de (yö) は病気です．
  nga di mi nyo. gaci-mo   わたしはこれを買いません．なぜ
   ze-wa-cin gong tho-ra tho-ye なら値段が高すぎます．
de-be(w)u-da しかし
  nga(-lu) di go-be. de-be(w)u これが欲しいのですが，お金があ
   -da nga-lu tiru me(ng)   りません．
  chim-di leshom du. de-be(w)u この家はいいですが，事務所から
   -da yiktshang-le 'name-   とても遠いです．
   same tha ri(ng)msa 'imbe

deba: しかし
　'män za-i. deba: dra-ni min(d)u　　薬を飲みました．しかし治りません．

deben　それでは
　deben tiru 'nga-gi zhu-ge　　それでは五ヌルタム分買います．

第14課　数　詞

数詞は名詞の後に置かれる．名詞に形容詞が伴っている場合には，形容詞の後に来る．
　　'mi 'nyi　　　　　　　二人
　　rochi leshom sum　　　三匹のいい犬

基　数

数詞には，10進法と20進法があり，日常生活では併用されている．
特異なのは，半数の数え方である．例えば2.5を言うのに，「2と半分」と表現せずに，「(あと) 半分とで3になる (数字)」と表現する．つまり，一つ上の単位の数字を言い，そこから半数を引く形である．
　　pche da sum＝2.5　(＝(あと) 半分とで3)
　　pche da cu-nyi＝11.5　(＝(あと) 半分とで12)

また20進法に特有な数え方としては，1／4，3／4という単位が用いられることである．この場合も，
　　ko da 'nyi＝1　3／4　(＝(あと) 1／4とで2)
　　ko da sum＝2　3／4　(＝(あと) 1／4とで3)
というように，半数と同じ数え方をする．

0 lekor			
1 ci	6 dru	11 cuci	16 cudru
2 'nyi	7 dün	12 cu-nyi	17 cupdün
3 sum	8 gä:	13 cusum	18 copgä:
4 zhi	9 gu	14 cuzhi	19 cugu
5 'nga	10 cutham	15 ce-nga	

第1部 発音と文法

数	10進法	日付け	20進法
20	nyishu		khe ci
21	(nyishu) tsaci	nyerci	khe ci da ci(=20+1)
22	(nyishu) tsa-nyi	nyernyi	khe ci(da) 'nyi
23	(nyishu) tsasum	nyersum	khe ci(da) sum
24	(nyishu) tsazhi	nyerzhi	khe ci(da) zhi
25	(nyishu) tsa-nga	nyer-nga	khe ci(da) 'nga
26	(nyishu) tsadru	nyerdru	khe ci(da) dru
27	(nyishu) tsadün	nyerdün	khe ci(da) dün
28	(nyishu) tsagä:	nyergä:	khe ci(da) gä:
29	(nyishu) tsagu	nyergu	khe ci(da) gu
30	sumcu		khe pche da 'nyi(=20×1.5)
31	(sumcu) soci		khe ci(da) cuci(=20+11)
32	(sumcu) so-nyi		khe ci(da) cu-nyi
33	(sumcu) sosum		khe ci(da) cusum
34	(sumcu) sozhi		khe ci(da) cuzhi
35	(sumcu) so-nga		khe ko da 'nyi(20×(1+3/4))
36	(sumcu) sodru		khe ci(da) cudru
37	(sumcu) sodün		khe ci(da) cupdün
38	(sumcu) sogä:		khe ci(da) copgä:
39	(sumcu) sogu		khe ci(da) cugu
40	zhipcu		khe 'nyi(20×2)
41	(zhipcu) zheci		khe 'nyi da ci(=20×2+1)
42	(zhipcu) zhe-nyi		khe 'nyi da 'nyi
43	(zhipcu) zhesum		khe 'nyi da sum
44	(zhipcu) zhezhi		khe 'nyi da zhi
45	(zhipcu) zhe-nga		khe 'nyi da 'nga
46	(zhipcu) zhedru		khe 'nyi da dru
47	(zhipcu) zhedün		khe 'nyi da dün
48	(zhipcu) zhegä:		khe 'nyi da gä:

第14課　数　詞

49 (zhipcu) zhegu	khe 'nyi da gu
50 'ngapcu	khe pche da sum(=20×2.5)
51 ('ngapcu) ngaci	khe 'nyi da cuci(=20×2+11)
52 ('ngapcu) nga-nyi	khe 'nyi da cu-nyi
53 ('ngapcu) ngasum	khe 'nyi da cusum
54 ('ngapcu) ngazhi	khe 'nyi da cuzhi
55 ('ngapcu) nga-nga	khe ko da sum(=20×(2+3/4))
56 ('ngapcu) ngadru	khe 'nyi da cudru
57 ('ngapcu) ngadün	khe 'nyi da cupdün
58 ('ngapcu) ngagä:	khe 'nyi da copgä:
59 ('ngapcu) ngagu	khe 'nyi da cugu
60 drukcu	khe sum(=20×3)
61 (drukcu) reci	khe sum da ci(=20×3+1)
62 (drukcu) re-nyi	khe sum da 'nyi
63 (drukcu) resum	khe sum da sum
64 (drukcu) rezhi	khe sum da zhi
65 (drukcu) re-nga	khe sum da 'nga
66 (drukcu) redru	khe sum da dru
67 (drukcu) redün	khe sum da dün
68 (drukcu) regä:	khe sum da gä:
69 (drukcu) regu	khe sum da gu
70 düncu	khe pche da zhi(=20×3.5)
71 (düncu) dönci	khe sum da cuci(=20×3+11)
72 (düncu) dön-nyi	khe sum da cu-nyi
73 (düncu) dönsum	khe sum da cusum
74 (düncu) dönzhi	khe sum da cuzhi
75 (düncu) dön-nga	khe ko da zhi(=20×(3+3/4))
76 (düncu) döndru	khe sum da cudru
77 (düncu) döndün	khe sum da cupdün
78 (düncu) döngä:	khe sum da copgä:
79 (düncu) döngu	khe sum da cugu

第1部　発音と文法

80 gäpcu	khe zhi(=20×4)
81 (gäpcu) jaci	khe zhi da ci(=20×4+1)
82 (gäpcu) ja-nyi	khe zhi da 'nyi
83 (gäpcu) jasum	khe zhi da sum
84 (gäpcu) jazhi	khe zhi da zhi
85 (gäpcu) ja-nga	khe zhi da 'nga
86 (gäpcu) jadru	khe zhi da dru
87 (gäpcu) jadün	khe zhi da dün
88 (gäpcu) jagä:	khe zhi da gä:
89 (gäpcu) jagu	khe zhi da gu
90 gupcu	khe pche da 'nga(=20×4.5)
91 (gupcu) goci	khe zhi da cuci(=20×4+11)
92 (gupcu) go-nyi	khe zhi da cu-nyi
93 (gupcu) gosum	khe zhi da cusum
94 (gupcu) gozhi	khe zhi da cuzhi
95 (gupcu) go-nga	khe ko da 'nga(=20×(4+3/4))
96 (gupcu) godru	khe zhi da cudru
97 (gupcu) godün	khe zhi da cupdün
98 (gupcu) gogä:	khe zhi da copgä:
99 (gupcu) gogu	khe zhi da cugu
100 cikja/jatham(pa)	khe 'nga(=20×5)
101 cikja ci	khe 'nga da ci
102 cikja nyi	khe 'nga da 'nyi
110 cikja cu(tham)	khe pche da dru(=20×5.5)
120 cikja nyishu	khe dru(=20×6)
200 nyijya	khe cutham(=20×10)
300 sumja	khe ce-nga(=20×15)
400 zhipja	nyishu ci
500 'ngapja	nyishu ci da khe 'nga
600 drukja	nyishu pche da 'nyi(=400×1.5)

第14課　数　詞

700 dünja

800 gäpja
900 gupja
1000 ciktong /tongthra ci
2000 nyitong
3000 sumtong
4000 zhiptong
5000 'ngaptong

6000 druktong
7000 düntong

8000 geptong
9000 guptong

10000 cikthri

100000 bum

160000 cikbum tongthra drukcu
1000000 saya

nyishu ko da 'nyi
$(=400 \times (1+3/4))$
nyishu 'nyi $(=400 \times 2)$
nyishu 'nyi da khe 'nga
nyishu pche da sum $(=400 \times 2.5)$
nyishu 'nga $(=400 \times 5)$
nyishu pche da gä $(=400 \times 7.5)$
nyishu cutham $(=400 \times 10)$
nyishu cu-nyi da khe cutham
$(=(400 \times 12)+(20 \times 10))$
nyishu ce-nga $(=400 \times 15)$
nyishu cupdün da khe cutham
$(=(400 \times 17)+(20 \times 10))$
kheche ci
kheche ci da nyishu pche
da sum
$(=8000+(400 \times 2.5))$
kheche ci da nyishu 'nga
$(=8000+(400 \times 5))$
khe cu-nyi da nyishu cutham
$(=(8000 \times 12)+(400 \times 10))$
yangche ci

20進法の単位
khe=20
nyishu=400 $(=20 \times 20)$
kheche=8000 $(=400 \times 20)$
yangche=160000 $(=8000 \times 20)$

序 数

基数の最後に -pa を付ける．唯一の例外は「第一」で，これは全く異なった形をとる．

dangpa	第一	**drukpa**	第六
'nyipa	第二	**dünpa**	第七
sumpa	第三	**gä:pa**	第八
zhipa	第四	**gupa**	第九
'ngapa	第五	**cupa**	第十
tha:ma/shüma	最後		

数詞の表現

配分詞　re(-re)

'mi-re(-re)-lu 'ngultram sum(sum)-re	一人当り三ヌルタム
nyim-re(-re)-lu tsha: zhi(-zhi)-re	毎日四回
'lambenda gade-re mo	トマトは (1キロあたり) いくらですか．

二つの数詞を並べることで，"～か～"という意味となる．

'mi sum zhi	3, 4人

概数　数詞の後に deci を付ける．

'ngültram ja deci go	百ヌルタム程要ります．
zha chutham deci	十泊ほど

分数　cha を数詞の後か前に付ける．

cha sum	三 (等) 分
sum-cha 'nyi	三分の二
cha zhi	四 (等) 分
zhi-cha sum	四分の三

第14課　数詞

gang 一（杯），do 二（杯）
    'om damji gang-lu gadeci-mo　　ミルクは，一瓶いくらですか．
    chang pho:p gang zhe　　チャン一杯召し上がれ．
    chang pho:p do　　チャン二杯

pche 半分（「あと半分で，いくつになる」という考え方．語順に注意）
    pche da 'nyi　　1.5（あと半分で2）
    pche da dru　　5.5（あと半分で6）

cha 対
    lham cha ci　　一対の靴

ya（対の）片方
    lham ya ci　　片方の靴

tsha/go/theng 回数
    chö 'hema lhö-ci-ga　　以前に（そこへ）行ったことがありますか．
    nga tsha: sum lhö-ci　　三度行ったことがあります．
    go dangpa　　はじめて
    ni theng sumpa 'ing　　これが三度目です．

tap 倍数
    lok-tap　　二倍
    sum-tap　　三倍
    ni sum-tap-gi gong bo:m　　これは三倍値段が高い．

第15課　時

　ブータンでは，ブータン暦（太陰太陽暦）とグレゴリア暦の二つが併用されている．ブータン暦は日本でいう旧暦に近いもので，グレゴリア暦との間には，年頭の置き方，月，日の数え方などに相違があり，注意を要する．

年

　ブータン暦の年頭は，年によりずれがあるが，グレゴリア暦よりも1，2カ月遅い．ブータン暦の元旦は，グレゴリア暦の2月か3月の新月の日に該当する．例えば，西暦1987年では，2月7日がブータン暦の元旦に当たり，2006年では3月30日であった．

lo 年
losar 新年，元旦
düci/doci 今年
nahing 去年　　　　**zhehing** 一昨年
sangpö 来年　　　　**zhepö** さ来年

　ブータン人も，中国，日本と同じ干支【えと】を用いる．

bjiu 子　　　　**ta** 午
'lang 丑　　　　**lu** 未
ta 寅　　　　**tre** 申
yö 卯　　　　**bja** 酉
dru(k) 辰　　　　**khi** 戌
drül 巳　　　　**pha** 亥

　この十二支に shing 木，me 火，sa 土，cak 鉄，chu 水の五要素　および pho 男と mo 女の二要素を組み合わせて，rapjung ラプジュンという60年の周期が作られる．例えば，

shing–pho–bjiu 木－男－子　（＝きのえね　甲子）
shing–mo–'lang 木－女－丑　（＝きのとうし　乙丑）

－ 50 －

第15課　時

　　me-pho-ta　火－男－午　（＝かのえうま　庚午）
　　me-mo-yö　火－女－卯　（＝かのとう　辛卯）
　ラプジュンの周期は西暦1027年に始まって，1987年にその第17周期に入った．そして2006年3月30日からは，ラプジュン第17周期の第20年目に当たる me-pho-khi 火－男－戌（＝ひのえいぬ　丙戌）の年である．

季　節

　　soka　春　　　　　　bja:　夏
　　serkha　秋　　　　　gün　冬

月

　ブータン暦は通常1年12カ月である．しかし3年に一度程，1年が13カ月の年がある．これは暦と実際の太陽の運行との間のずれを最小限にとどめるための方便である．例えば，1989年2月7日に始まり，1990年の2月25日に終わった sa-mo-drül 木－女－巳（己巳）の年は6月が重複したが，こうした場合「先の6月」，「後の6月」と区別される．

グレゴリア暦		ブータン暦	
'inda	月	dau	月
'inda dangpa	1月	dau dangpa	旧1月
'inda 'nyipa	2月	dau 'nyipa	旧2月
'inda sumpa	3月	dau sumpa	旧3月
'inda zhipa	4月	dau zhipa	旧4月
'inda 'ngapa	5月	dau 'ngapa	旧5月
'inda drukpa	6月	dau drukpa	旧6月
'inda dünpa	7月	dau dünpa	旧7月
'inda gäpa	8月	dau gäpa	旧8月
'inda gupa	9月	dau gupa	旧9月
'inda cupa	10月	dau cupa	旧10月

'inda cucipa　11月　　　　dau cucipa　旧11月
'inda cu-nyipa　12月　　　dau cu-nyipa　旧12月

曜　日

drünthra　週，週間
za　曜日*
dari za gaci-mo　今日は何曜日ですか．
za dau　日曜日
za mikma:　月曜日
za lhakpa　火曜日
za phurbu　水曜日
za pasang　木曜日
za penpa　金曜日
za nyima　土曜日

*ブータン暦による曜日は，世界一般に用いられている曜日とは1日のずれがあり，一般に日曜日とされる日は，月曜日である．この点，注意を要する．

日

ブータン暦は太陰太陽暦であるから，月の1日は必ず新月の日であり，15日は満月の日である．1カ月は原則として30日であるが，ときには日が欠けたり，逆に重複したりする．例えば，ある月は3日が「先の3日」と「後の3日」と重複して二回ある場合もあれば，時には，2日から3日を飛ばして4日になることもある．この場合，3日は「欠日」である．

　　　グレゴリア暦　　　　　　　ブータン暦
'in-tshe/dari　　　　　　　 **tshe**
'in-tshe sum　3日　　　　　**tshe sum**　3日

第15課　時

時　間

karma　分
chutshö　時間　　　　　　　　　　　chutshö pche　半時間
dato chutshö gadeci-mo　　　　　　今何時ですか.
chutshö gä: da karma cutham 'ing　8時10分です.
chutshö pche da gu 'ing　　　　　　8時半です.
chutshö gadeci go:　　　　　　　　何時間かかりますか.

他の言葉

dropa　朝　　　　　　　　　　　　pchiru　夕方
nyin-gung　昼　　　　　　　　　　numo　夜
nyima　日中　　　　　　　　　　　namche/nup-che　真夜中
nyim　日（行程）
　nyim 'nyi-gi lam 'ing　　　　　　2日行程の道です.
zha　夜（泊）
　zha gadeci dö-ni-mo　　　　　　何泊しますか.
dari　今日
na:pa　明日　　　　　　　　　　　khatsha　昨日
'na:tshe　あさって　　　　　　　　kha-nyim　一昨日
zhetshe　しあさって　　　　　　　zhe-nyim　さきおととい
na:pa-'na:tshe　あす・あさって（「近いうちに」の意味）
katsha kha-nyim　この間　　　　　dangzha　この間
dari-na:pa　この頃　　　　　　　　dado　いま
dado-ra　今すぐに

第16課　命令形，条件法，接続辞

命令形

不定形の語幹がそのまま命令形になる．
　　　不定形　　　　　　　　　　命令形
　　be-ni　する　　　　　　**la: be**　仕事をしなさい．
　　za-ni　食べる　　　　　**to za**　食事を食べなさい．
次の二つの動詞は特例で，語幹とは異なる命令形を持っている．
　　　不定形　　　　　　　　　　命令形
　　wong-ni　来る　　　　　**na sho**　ここに来なさい．
　　jo-ni　行く　　　　　　**pha: song**　向こうに行きなさい．
色々な接尾辞とかが動詞に付けられて，様々に命令形の意味を付加する．

-me　一般的
　　chö gop-da nga bo-me　　用があったら私を呼んでください．
-da　一般的
　　lhampa madrau tön-da　　色々な種類を見せて下さい．
-shi　命令調
　　kha jang-shi　　　　　　口を開けなさい．
　　nga-lu ja pho:p gang ba-shi　　私にお茶を一杯持ってきなさい．
'mare　すこしやさしい命令
　　nga besa: jön 'mare　　私の家に来てください．
　　gole-be 'lap 'mare　　　ゆっくりと話してください．
'nang　丁寧なお願い
　　di-wa gong chung-gu ci tön 'nang　　これより安いのを（一つ）見せてください．
　　mächa-di dam 'nang　　この毛布を包んでください．

第16課　命令形，条件法，接続辞

-de kadrin cang　非常に丁寧なお願い
    chutshö ci-lu jön-de　　　1時にお越しくだされば幸いです．
      kadrin cang

否定形

否定形は動詞の前に否定辞 ma を付ける．（過去形の否定形（35頁）と形の上では同じ）
    za penpa-lu ma song　　　金曜日には行かないように．
    ma be　　　　　　　　　　しないように．
    'ema lesha ma za　　　　　唐辛子をたくさん食べないように．
    chang ma thung　　　　　　チャンを飲まないように．

条件法

条件法は，動詞の後に -cin を付ける．
    cha:p cap-pa-cin nga mi　　雨が降ったら，私は行きません．
      jo
    kho-lu 'lap-pa-cin thup　　かれに言えば，いいです．
    chö go-pa-cin nga bo-me　用があれば，私を呼んでください．
    kho lhö-pa-cin nga-lu　　　かれが着いたら，私に言ってくださ
      'lap 'mare　　　　　　　　い．
    chö na-wa-cin 'män-　　　病気になったら，病院に行きなさい．
      khang-na song
    ta göm nyo-wa-cin　　　　雌馬を買うと，いいですよ．
      leshom wong

接続辞

-da　時
    cha:p cap-da　　　　　　　雨が降る時

第1部　発音と文法

  kho-lu 'lab-da   かれに言うと
  chö gop-da nga bo-me   用がある時，私を呼びなさい．
  kho lhöp-da nga-lu 'lap   かれが着いたら，私に言いなさい．
  chö na(w)u-da   あなたが病気の時は
  kho go(w)u-da leshom   かれが耳にすると，良くありません．
   mi wong
-ru(ng)　譲歩
  gade-be-ru sho   どんなことがあっても来なさい．
  kho me(ng)-ru khä   かれがいなくても，構いません．
   me(ng)
  kho drup me(ng)-ru   かれはブータン人ではありませんが，
   dzongkha she-be   ゾンカ語を知っています．
-de　以後，以来，方法
  phajoding-lu ta zhön-de   パジョディンへは馬で行かなければな
   jo-go   りません．
  meto sa:p to(k)-de ba-   新鮮な花を切って持ってきなさい．
   shi
  nyi 'azhim 'nyen cap-de   私の姉は結婚して一カ月経ちました．
   dau ci ya-so-i
-zhimle=(〜)してから
  to za-zhimle jo-ge   食事をしてから行きましょう．
  chö lok song-zhimle kho   あなたが帰って行ってから，かれが来
   lhö-ci   ました．
ma+動詞+-pe/(w)e 'hema=(〜)する前に
  to ma za(w)e 'hema lap   食事をする前に，手を洗いなさい．
   chu
  ma cha(ng)m-pe 'hema   飛び下りる前に，見なさい．
   ta
動詞+-pa/wa=目的
  kho-lu 'lap-pa song   かれに言いに行きなさい．
  da cap-pa song   弓を射りに行きなさい．

第16課　命令形，条件法，接続辞

  la: be-wa song　　　　　　仕事をしに行きなさい．
  nga lakhe: ci zhu-wa　　　　パスをもらいにきました．
   wong-i
動詞＋-pe/(w)e-gang＝現在進行形
  nga da cap-pe-gang 'ing　　私は弓を射っているところです．
  khong ja thu(ng)m-pe-　　かれらはお茶を飲んでいるところで
   gang 'ing　　　　　　　　す．
  nga dato to zawe-gang　　　私は今食事をしているところです．
   'ing
  kho dato la: bewe-gang　　かれは今仕事をしているところです．
   'ing

第17課　役に立つ表現

名詞/動詞＋go＝欲しい，必要だ，(〜)したい（往々にして，-be が加えられる）

   di-tsu go　　　　　　　　　これらが欲しい．
   phe-tsu min-go　　　　　　　あれらは要らない．
   nga(-lu) thung-ni ci go-be　　飲み物が（一つ）欲しい．
   dro min-go　　　　　　　　　怖がる必要はない．
   chö 'mänkhap cap go-be　　あなたは注射が必要です．

動詞＋tshu＝(〜)できる

   nga la:-di be tshu　　　　　　私はこの仕事ができます．
   khatsha di be ma tshu　　　　昨日これができませんでした．
   chö-gi tsang-chu-de gä　　　あなたはこの川を渡れますか．
    tshu-ga
   chö dzongkha 'lap tshu-ga　　あなたはゾンカ語が話せますか．

動詞＋cho＝(〜)できる（許可）

   pa: tap cho　　　　　　　　　写真撮影許可
   ta(ng)mku thung mi cho　　　喫煙禁止

動詞＋ge＝(〜)しましょう

   tsem tse-ge　　　　　　　　　遊びましょう．
   lokde jä-ge　　　　　　　　　また会いましょう．

動詞＋mi＝関係代名詞句のような働きをなす

   dzongkha she-mi ci go　　　　ゾンカ語を知っている人が一人要ります．
   dzongkha ma she-mi-tsu　　　ゾンカ語を知らない人達．
   paro ze-mi-di lu:m bo:m ci　　パロというのは大きな谷です．
    'ing

文章＋be-song＝推定

   kho chim-na yö be-song　　　かれは在宅でしょう．

第17課　役に立つ表現

  kho she be-song　　　　　　　　かれは知っているでしょう．
文章＋lo＝人づての話
  sonam na:pa lhö-ni lo　　　　　　ソナムは明日着くとのことです．
  kho di go-ni lo　　　　　　　　　かれはこれが欲しいとのことです．
文章＋ze＝直接話法の引用
  dasho-gi sho ze sung-de　　　　　ダショーが来いとおっしゃってます．
  kho mi she ze 'lap-de　　　　　　かれは知らないと言っています．

第18課　敬　語

　今までこの本で用いてきたゾンカ語は一般的な言葉で，普通の日常会話や友人同士の会話には一切差し障りがない．しかしゾンカ語には，この普通の語彙の他に，丁寧語と尊敬語の二つ（そしてごく稀に謙譲語）があり，状況によって使い分ける必要がある．

丁寧語

　普通語と丁寧語の間には，語彙の変化はなく，文末に -la を付けることで，丁寧な語調となる．それ故に，一般の日常会話でも，丁寧語調で話すほうが無難である．

	普通語	丁寧語
今日は	kuzu zangpo	kuzu zangpo-la
はい	'ing	'ing-la
いいえ	me(ng)	me(ng)-la
私はソナムです．	nga sonam 'ing	nga sonam 'ing-la
あなたはソナムさんですか．	chö sonam 'ing-na	chö sonam 'ing-na-la

尊敬語

　尊敬語は丁寧語よりもはるかに複雑である．大半の名詞，代名詞，動詞は，普通語とは異なる特別な形の尊敬語を持っており，目上の人に話しかける時とか，目上の人のことを話す時には，普通の語彙ではなく尊敬語の語彙を用いなければならない．この習得は非常に大切である．尊敬語がきっちりと話せないと，粗野で教育のない人間と見なされる．それ故に，普通語と尊敬語の両者を覚えて，使い分ける必要がある．

第18課　敬語

	普通語	尊敬語
名詞		
衣類	gola	namza
娘	bum	sem
目	'mikto	cen
父	'apa	yap
馬	ta	chip
母	'ai	yum
心	sem	thu
口	kha	zhä
名前	ming	tshän
家	chim	zimchung
息子	bu	sä
舌	ce	ja:
歯	so	tshem
動詞		
来る	wong-ni	jön-ni
死ぬ	shi-ni	sha(k)-ni
する	be-ni	dzä-ni
食べる	za-ni	zhe-ni
病気する	na-ni	nyung-ni
渡す	trö-ni	'nang-ni
行く	jo-ni	jön-ni
知る	she-ni	khen-ni
見る	ta-ni	zi-ni
住む	dö-ni	zhu-ni
言う	'lap-ni	sung-ni（目上の人がおっしゃる．尊敬）
		zhu-ni（目上の人に申し上げる．謙譲）
立つ	long-ni	zheng-ni
持って行く	ba jo-ni	'nam jön-ni

第1部　発音と文法

　一部の名詞の尊敬語は，普通語の前に尊敬語を付け加えることによって形成される．
ku　（身体の尊敬語）身体の各部の名称に用いられる．

	普通語	尊敬語
身体	zu	kuzu
血	thra	kuthra
肉	sha	kusha
写真	pa:	kupa:

'u(:)　（頭の尊敬語）頭に関する事柄に用いられる．

頭	guto	'u
髪	ca	'uca/'uthra
帽子	zham	'uzha

cha(k)　（手の尊敬語）手に関する事柄に用いられる．

手	lap	chak
指	dzumu	chadzu
爪	simu	chasem
本	pecha	chape
仕事	la:	chala:

zha(p)　（足の尊敬語）足に関する事柄に用いられる．

足	ka(ng)m	zhap
膝	pumu	zhapu
爪	simu	zhapsim
靴	lham	zhaplham

sö　（食べるの尊敬語）食事に関する事柄に用いられる．

肉	sha	sösha
お茶	ja	söja
バター	ma:	söma:
台所	thaptshang	söthap

― 62 ―

第18課　敬　語

普通語と尊敬語／謙譲語の例

	普通語	尊敬語／謙譲語
名前はなにですか.	chö-gi ming gaci-mo	na-gi tshän gaci zhu-mo
どこに行きますか.	chö gade jo-ni-mo	na gade jön-ni-mo
どこに住んでいますか.	chö gade döp-mo	na gade zhup-mo
どうぞお入りください.	na(ng)-na sho	na(ng)-na jön(-la)
行きなさい.	song	jön(-la)
お座りください.	dö	zhu(-la)
持って行きなさい.	ba song	'nam jön(-la)
お茶をどうぞ.	ja thung	söja zhe(-la)
お茶を飲みます.	ja thung	(sö)ja zhu （謙譲）

第2部 会話練習および語彙

第1課 あいさつ

初対面

A	kuzu zangpo-la	今日は.
	na gade-le-mo	あなたは，どこからですか.
B	nga thimphu-le 'ing	私はティンプからです.
A	na-gi tshän gaci-mo	あなたのお名前は，何と言いますか.
B	nyi-gi ming dorje 'ing	私の名前は，ドルジです.
A	de na 'yü gade-le-mo	ところで，あなたは，お国はどちらですか.

友達同士で

A	kuzu zangpo-la	今日は.
B	kuzu zangpo	今日は.
A	chö gade-be yö	どうですか.
	kuzu zang-be yö-ga	元気ですか.
B	leshom-be yö	元気です.
	na gade-be yö	あなたはどうですか.
A	leshom-be yö	元気です.

第2課　ドマ（アレカの実）をどうぞ

A	kuzu zangpo-la	今日は．
B	kuzu zangpo	今日は．
A	na doma zheb 'ing-na	あなたはドマを召し上がりますか．
B	nga doma za(w)u 'ing	私はドマを食べます．
B	gong ma thri	すみません．
	nga doma mi za	私はドマを食べません．
A	doma zhe	ドマを召し上がってください．
B	mi zhu	結構です．
A	zhe wö	どうぞ，召し上がって．
B	kadrinche	ありがとう．
	doma-di leshom du	このドマはおいしいです．

第3課　もてなし

(AがBを訪ねる)

A	kuzu zangpo-la	今日は.
B	kuzu zangpo-la	今日は.
	na(ng)-na jön	中にお入りください.
	zhu	お座りください.
	na gaci zhe-ni	何を飲みますか.
A	gani-yang mi zhu	何もいただきません.
B	ja ci zhe	お茶でもどうぞ.
A	de-be-wa-cin ja ci zhu-ge	それでは, お茶をいただきます.

第4課　一般的な質問（疑問詞）

A	di gaci-mo	これは何ですか.
B	di pecha 'ing	これは本です.
A	chö gaci be-ni	あなたは何をしますか.
B	nga yigu dri-ni	私は手紙を書きます.
A	chö nam wong-ni-mo	あなたはいつ来ますか.
B	nga na:pa wong-ni	私は明日来ます.
A	chö nam song-i	あなたはいつ行きましたか.
B	nga khatsha jo-i	私は昨日行きました.
A	kho ga-mo	かれは誰ですか.
B	kho trashi 'ing	かれはタシです.
A	'ani chim-di ga-gi-mo	この家は誰の家ですか.
B	di tshering-gi chim 'ing	これはツェリンの家です.
A	di ga-gi be-i	誰がこれをしましたか.
B	di kho-gi be-i	これは，かれがしました.
A	chö gade jo(w)u-mo	あなたはどこに行きますか.
B	nga yiktshang-na jo-ni	私は事務所に行きます.
A	chö gade-le-mo	あなたはどこ出身ですか.
B	nga paro-le 'ing	私はパロ出身です.
A	chö gaci be-wa song-i	あなたは何をしに行きましたか.
B	nga trashi da pche-wa song-i	私はタシに会いに行きました.

第2部　会話練習および語彙

A	chö gade-be jo-ni	あなたはどうして（手段）行きますか．
B	nga ka(ng)m to(ng)-be jo-ni	私は歩いて行きます．
A	chö gade-be yö	あなたは元気ですか．
B	nga leshom-be yö	私は元気です．
A	chö-lu 'alu gademci yö	あなたには子供が何人いますか．
B	nga-lu 'alu zhi yö	私には4人子供がいます．
A	pecha-di gong gademci-mo	この本の値段はいくらですか．
B	'ngultram ce-nga 'ing	15ヌルタムです．

第5課　ブータンについて

A	dru-'ü: gade-be du	ブータンはどうですか.
B	sacha ga-toto du	いい所です.
A	sidrö gade-be du	気候（温暖）はどうですか.
B	'nam bya: 'name-same drö mindu	夏はそんなに暑くありません.
	de-bewu-da 'nam gün si-ra si-ye	しかし，冬は非常に寒いです.
A	drupe 'mi-tsu gade-be du	ブータン人はどうですか.
B	'mi-tsu leshom du	いい人たちです.
A	dru-gi gälsa gade-mo	ブータンの首都はどこですか.
B	dru-gi gälsa thimphu 'ing	ブータンの首都はティンプです.
A	thimphu throm bo:m du-ga	ティンプは大都市ですか.
B	thimphu throm 'name-same bo:m mindu	ティンプはたいして大きくありません.
A	throm thimphu-wa bo:m du-ga	ティンプより大きい都市はありますか.
B	phuntsholing-di thimphu-wa bo:m-be	プンツォリンがティンプより大きいです.

第6課　市場での買い物

A	chö-lu chum leshom yö-ga	いい米ありますか.
B	yö yö. zhe	ありますよ．どうぞ．
A	'ani chum 'ma:p-di gade-re-mo	この赤米は（1キロあたり）いくらですか．
B	keji-lu tiru gu-gu 'ing	1キロ9ヌルタムです．
A	gong 'atsi tho-ye me-na	値段が，少し高くないですか．
	'atsi phap-ni me-ga	少し安くなりませんか．
B	phap-ni me-la	安くできません．
	gera tiru gu-gu-re-be tshong-ni 'ing	どこでも9ヌルタムで売っていますよ．
A	de-be-wa-cin keji 'nga zhu-ge	では，5キロいただきます．
	tshelu-di na-gi 'ing-na tshong-ni 'ing-na	このみかんはあなたのですか．売り物ですか．
B	'ing-la. tshelu leshom yö zhe	はい．いいみかんですよ．どうぞ．
A	gade-re-mo	いくらですか．
B	tiru ci-lu sum-sum 'ing	1ヌルタムで3個です．
A	deben tiru 'nga-gi zhu-ge	では，5ヌルタム分いただきます．
B	zhän gaci zhe-ni-mo	他に何かお求めですか．
A	deci-ra 'ing	それだけです．
	chum da tshelu dom-de gademci-mo	米とみかん合わせて，いくらになりますか．

第6課　市場での買い物

B　　tiru 'ngapcu thampa　　　50 ヌルタムです．
　　　'imbe
A　　las　　　　　　　　　　　そうですか．
B　　kadrinche　　　　　　　　ありがとうございます．

語彙：果物と野菜

果物　shing-drä
 apple　りんご　　　　　　ngang-la　バナナ
 gündrum　ぶどう　　　　 bepsiu　グアバ
 dramtsi　ジャックフルーツ　'amchu-kuli　マンゴー
 tshelu　みかん　　　　　　kham　桃
 'li　梨　　　　　　　　　 'andre　柿
 köngtse　パイナップル　　 gunca　さとうきび
 ta:go　胡桃

野菜　tshöse
 semcum　豆　　　　　　　 kopi　キャベツ
 laphu-'ma:p　人参　　　　 meto-kopi　カリフラワー
 'ema　唐辛子　　　　　　 geza　とうもろこし
 gön　きゅうり　　　　　　dolom　なすび
 cagop　にんにく　　　　　saga　生姜
 pätshe　青菜　　　　　　 shamu　きのこ
 päka　からし　　　　　　 gop　たまねぎ
 kewa　じゃがいも　　　　 kakru　かぼちゃ
 laphu　大根　　　　　　　ting-gä　山椒
 'lambenda　トマト　　　　'yündo　かぶ

第7課　店での買い物

A	chö–lu chini yö–ga	砂糖ありますか.
B	yö–la	あります.
A	gong gade–re–mo	(1キロあたり) いくらですか.
B	keji–lu tiru cu–tham–re 'ing	1キロ10ヌルタムです.
A	keji sum zhu–ge	3キロいただきます.
	gongdo yö–ga	卵ありますか.
B	yö–la	あります.
A	sa:p 'ing–na	新しいですか.
B	sa:p 'ing. dari lhöp–ci–ra 'ing	新しいです．今日着いたばかりです.
A	gade–re–mo	いくらですか.
B	dazun–lu tiru cu–nyi–re 'ing	1ダース12ヌルタムです.
A	dazun pche zhu–ge	半ダースいただきます.
	'ape kayö 'atsi tön 'nang	その茶わんをちょっと見せて下さい.
B	jami–gi kayö 'ing	中国製の茶わんです.
	'name–same leshom du ci zhe	とってもいいですよ. 1つどうぞ.
A	gade–re–mo	いくらですか.
B	tiru ce–nga–be zhe	15ヌルタムでどうぞ.
A	de–be–wa–cin cha ci zhu–ge	では，一対いただきます.
	gayera dom–de gademci–mo	全部合わせて，いくらですか.
B	gayera dom–de tiru drukcu–re–dün 'imbe	全部合わせて，67ヌルタムです.

第8課　時間を尋ねる

A	dado chutshö gademci-mo	今何時ですか.
B	chutshö dru da karma cutham 'imbe	6時10分です.
	chutshö dru da karma ce-nga	6時15分
	chutshö dru da pche	6時半
	chutshö pche da dün	6時半
	chutshö dru da karma zhip-cu zhe-nga	6時45分
	chutshö dün dung-wa karma cu-tham du	7時10分前です.
A	na-gi yiktshang dropa gademci-lu go pchewu-mo	あなたの事務所は朝何時に開きますか.
B	dropa chutshö gu-lu pche(w)u 'ing	朝9時に開きます.
A	pchiru chutshö gademci-lu dam-mo	夕方何時に閉りますか.
B	pchiru chutshö 'nga-lu dam 'ing	夕方5時に閉ります.
A	na-gi zhusa-le yik-tshang-tshuntshö karma gademci go-mo	あなたの家から事務所まで何分かかりますか.
B	ka(ng)m tong-be jo(w)u-da karma nyishu-tsa-'nga gowu-me	歩いて25分かかります.

第9課 方角を尋ねる

1. 通りで

A	'lopön dremkhang gade 'ing-na-la	郵便局はどちらですか.
B	na-le ya: metra cikja-deci thrang-de jön	ここから真直ぐに100メートルほど行きます.
	de-le 'yä-khatu go:-de 'atsitsi ma: jön	そこで右に回って, 少し下ります.
	de-le 'yön-khatu go:-da chim bo:m ci lam-gi 'yön-khatu-lu yö	そこで左に回ると, 大きな建物が道の左手にあります.
	dremkhang-di 'ani 'ing	それが郵便局です.
A	kadrinche	ありがとう.

2. 事務所で

A	dochen-gi yiktshang gade-mo	所長の事務所はどこですか.
B	dochen-gi yiktshang thoka 'ing	所長の事務所は, 上の階です.
	thoka 'yä-khatu jön	2階の, 右に進んで下さい.
A	chapsang gade yö-ga	トイレはどこですか.
B	chabsang-di ma: wok-tho-lu 'ing	トイレは下の階です.
	woktho jön-da-lu 'yä-khatu 'ing	下の階に着いたら, 右側です.

第 9 課　方角を尋ねる

語彙：建　物

chösham　仏間
'ngülkhang　銀行
zhaldzom-khang　集会所
sogra-thrukhang　工場
gön-chim　ゲストハウス
zakhang　ホテル
ba:go　小屋
pedzökhang　図書館
phodrang　宮殿
zakhang　食堂
tshongkhang　店
lhakhang　お堂

'namdru-thang　飛行場
chörten　仏塔
lazo-tshongkhang　民芸品売店
dzong　ゾン（城）
'mankhang　病院
chim　家
thaptshang　台所
yiktshang　事務所
parkhrung-khang　印刷所
'lopdra　学校
jakhang　喫茶店
chapsang　トイレ

3. 方　角

A　trashigang sacho gade-khatu-mo　タシガンはどちらの方角ですか.
B　trashigang shacho-khatu 'ing　タシガンは東の方です.

語彙：方　角

sacho　方角，方位
sha:　東
jang　北
jang-sha:　北東
sha:-lho　南東

nup　西
lho　南
nup-jang　北西
lho-nup　南西

第10課　電　話

1.

A	di 22573-na 'ing-na-la	もしもし，22573 ですか．
B	'ing-la	そうです．
A	sonam yö-ga-la	ソナムはいますか．
B	yö-la	います．
A	sonam 'atsitsi zhu-ge	ソナムをちょっとお願いしたいのですが．
B	'atsitsi zhu-me	少しお待ちください．
	sonam bo-ge	ソナムを呼びます．
C	sonam zhu-do	ソナムです．
A	kuzu zangpo	今日は．
	nga trashi zhu-do	こちらはタシです．

2.

A	naktshäl-lekhung-nang 'ing-na-la	森林局ですか．
B	'ing-la	そうです．
A	dochen-wokma zhu yö-la	課長はいらっしゃいますか．
B	ma jön-la	まだ参っておりません．
	na gade-le sung-mo	どちらさまですか．
A	nga sheri-lekhung-nang-le trashi zhu-do	教育局のタシです．
	drasho jöm-da nga-lu 22564 nang-lu 'atsi kadrin cang 'nang	ダショーがいらっしゃったら，私に 22564 までお願いします．
B	las las-la	はい，かしこまりました．

第11課　家　族

1.

A	mo na-gi gaci phob-mo	かのじょはあなたの何にあたりますか.
B	mo nyi-gi tsam 'ing	かのじょはわたしの姪です.
	mo nyi-gi 'azhim-gi bum 'ing	かのじょは私の姉の娘です.
A	na-lu tshau da tsham zhän-yang yö-ga	あなたには，他にも甥や姪がいますか.
B	zhän-yang yö	他にもいます.
	nyi-gi phogem-lu bu ci da bum ci yö	兄に息子が一人と娘が一人います.
	de-le nyi nocu-lu bum ci yö	それから弟にも娘が一人います.
	de num-lu 'alu me	それから妹には子供がいません.
	dom-gi tshau ci da tsham sum yö	全部で甥が一人と姪が3人います.

2.

A	na-lu 'alu yö-ga	あなたはお子さんがありますか.
B	la nga-lu bu ci da bum ci yö	はい，息子が一人と娘が一人います.
A	bu-di lo gademci-mo	息子さんは何歳ですか.
B	kho dato lo ce-nga 'ing	今年で15歳です.
A	na-gi 'azhim 'nyen cap-ci-ga	あなたのお姉さんは結婚しましたか.

B	mo 'nyen cap-de dau ci yang ya-so-i	かのじょは，結婚して1カ月経ちました．
A	na-gi 'akhu-lu bum yö-ga	あなたの叔父さんには娘がありますか．
B	bum 'nyi yö	娘が2人います．

語彙：家族と親戚

'alu-meche　赤ん坊　　　　phogem　兄
nocu　弟　　　　　　　　butsu　息子
'alu　子供　　　　　　　　bum　娘
'nam　嫁　　　　　　　　zatshang　家族
'apa　父　　　　　　　　totshang　友達
'age:　祖父　　　　　　　'ang-ge　祖母
'map　夫　　　　　　　　phoge:　男
'ai　母　　　　　　　　　tsham　姪
tshau　甥　　　　　　　　'mi　人
pincha　兄妹，親戚　　　　'azhim　姉
sim　妹（男から見て）　　num　妹（女から見て）
'azhang　叔父（母方の）　　'akhu　叔父（父方の）
'nem/'netsha/'amtsu　妻

第 12 課　健康と病気

1.

A	kuzu zangpo-la	今日は.
B	kuzu zangpo-la	今日は.
A	na gade-be yö	調子はどうですか.
	kuzu zang-be yö-ga	元気ですか.
B	dari 'atsi zu de-toto meng	このところ体調があまりすぐれません.
A	gaci na(w)u-mo	どこが悪いですか.
B	guto na-de-'ing	頭が痛いです.
A	'män za-i-ga	薬を飲みましたか.
B	'män za-i	薬は飲みました.
	dera-beru dra-ni minu	しかし，よくなりません.
A	de-be-wa-cin 'män-khang-na jowu-de drungtsho-lu tön-dra	そしたら病院に行って，医者に診てもらうのがいいでしょう.

2.

A	chö gaci na(w)u-mo	どこが悪いですか.
B	nga pho na, awa sha, de-le droba cap-me	腹が痛くて，下痢で，熱があります.
A	nam-le na-i	いつからですか.
B	khatsha pchiru-le na-i-la	昨日の夕方から病気です.
A	'mänkhap ci cap go-be de-le 'ani 'män-di za	注射をしましょう. それから，この薬を飲んでください.

tshaja ma 'lang　　　　　　心配しないように．
chö jopa-ra dra-wong　　　すぐに治ります．

3.

A	chö gaci na(w)u-mo	どこが悪いですか．
B	nga zu 'name-same ya (w)u-me	身体がとても痒いのです．
A	gade-le ya(w)u-mo	どこが痒いですか．
B	lap-di-tsu ya(w)u-me	手が痒いです．
A	ke, lap ta-ge	では，手を見せてください．
	chö-gi nye-di khong zumci du	あなたの病気はかいせんのようです．
	zu chu chu-zhi-na 'ani 'män-di ga: ya sa-lu 'u 'mare	身体を洗ってから，この薬を痒いところに塗ってください．
	di-le-pha: zu hing-sang-sa-be dö-go	身体を清潔にしておかねばなりません．
B	las kadrinche-la	はい，ありがとうございます．

語彙：身体の各部の名前

phocum	腹		geto	背中
jamtsho	髭		thra	血
zu	身体		ruto	骨
'lep	脳		'om	乳房
'abu	尻		bjangkho	胸
mangkhe	顎		'namco	耳
'mito	目		dong	顔
dzumo	指		sha	肉
ka:m	足		pceu	額

第12課　健康と病気

lap	手, 腕	ca	毛
guto	頭	dohing	心臓
ti:m	踵	juma	腸
tshito	関節	pümo	膝
khachu	唇	kha	口
jau	口髭	simu	爪
tako	首	lhapa	鼻
je	男性器	'na	膿
pcato	肩	pako	皮膚
phou	胃	lhip	睾丸
'ledu	腿	ce	舌
so	歯	köm	喉
tu	膣	tsa	血管
kep	腰		

第13課　身なり

A	tshongpön gola tsem-tshem yö-ga	仕立て上がりのゴ（着物）ありますか．
B	yö-la go gaci-dzum zhe-ni	あります．どんなゴをお求めですか．
A	bumthang mathra-gi go yö-ya	ブムタン・マタのゴありますか．
B	yö-la tshoshi ya(ng) leshom yö	あります．色もいいですよ．
	thakhäm ya(ng) leshom ci-gi thathap 'ing	いい織り手の織ったものです．
A	gong gademci-mo	値段はいくらですか．
B	tongthra ci 'ing	1000 ヌルタムです．
A	phoge:-gi tögo da kera yö-ga	男物のテゴ（シャツ）と帯もありますか．
B	yö-la jachen-gi kera da burä-gi tögo yö	あります．緞子の帯とブラ（野生絹）のテゴがあります．
A	gong gade-re mo	値段はいくらですか．
B	kera-di-lu 'ngültram nyija da	帯が200 ヌルタムと
	tögo-lu 'ngültram cikja 'ngapcu 'ing	テゴ（シャツ）が150 ヌルタムです．
A	las de-be-wa-cin kera ci da tögo ci ya(ng) zhu-ge	そしたら帯一つとテゴ（上着）も一ついただきます．

第 13 課　身なり

B　　las kadrinche. gayera　　　ありがとうございます．全部で
　　　dom-de-gi 'ngültram　　　　1350 ヌルタムです．
　　　ciktong sumja 'ngapcu
　　　'imbe

語彙：服　装

kera　帯
dopchu　腕輪
japtha　ブローチの鎖
kire　（女の）着物
sincu　イヤリング
zham　帽子

gencha　装飾品
kapni　（礼装用の男の）
　　　ショール
lham　靴

onju　ブラウス
koma　ブローチ
gola　衣服（一般）
go　（男の）着物
dzupki　指輪
tögo　（女の）ジャケット，（男の）
　　　シャツ
pata　（儀礼用の）刀
rachu　（礼装用の女の）ショール

'omsu　靴下

第14課　食事への招待

1. 招　待

A	na:pa pchiru chala: gani ya me-ga	明日の夜は，何も仕事がありませんか．
B	gani yang me	何もありません．
A	de-be-wa-cin na:pa pchiru tsho zhe-wa nga besa jön-me	それでは，明日の夕食に私の家に来てください．
B	mi zhu	結構です．
A	jön-wö	来てください．
B	de-be-wa-cin chutshö gademci-lu ca-na	では，何時頃にお伺いしたらいいですか．
A	chutshö dru-deci-lu jön	6時頃に来てください．
B	las. na:pa pchiru jä-ge	では，明日の夜会いましょう．

2. 翌　日

A	kuzu zangpo-la	こんばんは．
B	kuzu zangpo-la	こんばんは．
A	nang-na jön na zhu na chapchu gaci zhe-ni-mo	お入りください．お座りください．何を飲みますか．
	'ara, banchang, sinchang, changkö na gaci zhepci	アラ，バンチャン，シンチャン，チャンケ（卵酒）がありますけど，お好きなのをどうぞ．

第14課　食事への招待

B	'ara ci zhu-ge	アラをいただきます.
	'ara-di 'name-same zhim-tokto du	このアラは, とてもおいしいです.
A	da tsho zhe-ge me-na	では, 食事にしましょうか.
B	las	はい.
A	'name-same leshom gani yang drang-ni mindu	大したものは何もありません.
	to ci da phaksha pa: 'ema-datsi nake-gi tshöm 'eze camci-ra 'ing	御飯, 豚の角煮, 唐辛子のチーズ和え, ゼンマイ, 唐辛子サラダだけです.
	di-be-ru dram-be zhe	それでも, たくさん召し上がってください.
B	'name-same chodri ke-nu	たいへん御馳走です.
A	leshom-be zhe-i-ga	十分お召しあがりですか.
B	'name-same soera zhu-i.	御馳走様でした.
	kadrinche	ありがとうございました.
	da go:m zhu-ge	では, お暇します.
A	na jön-de 'name-same sem ga-i	来てくださって, とても喜んでいます.
	leshom-be jön	気を付けてお帰りください.
	na:pa-le jä-ge	近い内に会いましょう.

語彙：食べ物と飲み物

no:sha　牛肉

chang　チャン (どぶろく), アルコール一般

ma:　バター
drope-ja　朝御飯
datsi　チーズ
bjasha　鶏肉
'ep-pchi　唐辛子の粉末
zho　ヨーグルト
tshöm　おかず
pchiru-to/tsho　夕食 (／敬語)

第2部　会話練習および語彙

gongdo　卵
pchi　小麦粉
'ara　アラ（蒸留酒）
sha　肉
makhu　油
chum　米
thüp　スープ
ja　お茶
su:ja　バター茶
chu　水

nyasha　魚（肉）
to　食事
nyima to/seu　昼食（／敬語）
'om　牛乳
phaksha　豚肉
to　御飯
cini　砂糖
jadang　ブラックティー
'nga:ja　（砂糖入り）茶
ka:　小麦

ゾンカ語―日本語語彙

―ハイフンおよびスペースは考慮せず，連続した綴りと見なして排列してある．また，動詞の不定形の-ni は考慮に入れない．
―母音に関して，ウムラウト化した母音（ä, ü, ö）および長母音は，短母音の変形と見なし，短母音の直後に排列した．
―高声調音を表わすアポストロフ（'）は考慮せず，同一綴りの場合は，低声調音―高声調音（'）の順に排列した．

A

'abu	尻
'abu-dong	肛門
'achotora	タオル
'age	祖父
'ai	母
'akhu	1)（父方の）叔父, 2) 養父, 3) カッコー
'äkhu	はしご
'alu	子供
'alu-meche	赤ん坊
'am	婦人（既婚の女性への敬称）
'amchu kuli	マンゴー
'amcum	1) 叔母, 2) 養母
'amtsu	1) 女性, 2) 妻, 奥さん
'andre	柿
'ang dangpa	一番
'ang-ge	祖母
'ani	これ
'ani-be	こうして，このようにして
'ani(m)	尼僧

ゾンカ語―日本語語彙

'apa   父
'aphe   あの
apple   リンゴ（英語）
'ara   アラ（蒸留酒）
'aro-garo   愛人，恋人
'atahalu   いつも
'atara   いつも
'atsi(tsi)   少し
'awa   大便
'azhang   叔父（母方の）
'azhi   アシ（王家の女性，高貴な女性に対する敬称）
'azhim   姉

B
ba   1)（雌）牛，2) 的【まと】
ba-ni   1) 持つ，持っていく，2) 隠す
bä   羊毛
badam   ピーナツ
bago   小屋
bamo   霜
bana(-lu)   間
bapchu   滝
bapshem   蜘蛛
baso   象牙
bau   甲状腺腫
baza   時，--- sum　3時
be-ni   する
bepe-tshelu   イチゴ
bepsiu   グアバ
besa   家，住まい
bja   1) 鳥（一般），2)（十二支の）酉

bja:	夏
bjam	雌鳥
bja:m	ハチ
bjanag	ハエ
bjangkho	胸
bjap	雄鳥
bjasha	鶏肉
bjem	砂
bjili	猫
bjim	ヤク（雌）
bjiu	ネズミ，（十二支の）子
bjop	遊牧民
bo-ni	呼ぶ
bolokha(-lu)	（〜の）近くに
bo:m	大きい
böp	チベット人
bu	1) 息子，2) 中心，真ん中
bu-na	まん中に
bü:	蛇
bum	1) 娘，女の子，2) 10万
bumthang mathra	ブムタン・マタ（ブムタン特産の織物）
bup	虫
bura/burä	野生絹
butsu	男の子
bya:	夏

C

ca	髪
cago(p)	にんにく
cak	鉄
camci(-ra)	（〜）だけ，nga --- 私だけ

cangma	柳
cap-ni	1）打つ，行う，実行する，2）（弓を）引く，da ---，3）（雨が）降る，ca:p ---
caze:	釘
ce	舌
cen	目（敬語）
cha	対【つい】（＝2つ）
chä:	不足
chachap	すべて
chadzu	（手の）指（敬語）
cha(k)	手（敬語）
chala:	仕事（敬語）
cha:m	箒【ほうき】
chame tang-ni	廃止する
chang	チャン（酒）
changkang	居酒屋，バー
changkö	チャンケ（卵酒）
cha(ng)m-ni	跳ねる
cha-nyam	すべて
cha:p	雨，--- cap-ni 雨が降る
chape	本（敬語）
chapsang	トイレ
charo	1）友達，2）援助
charzhi	計画，-- zo-ni 計画する
chasim	（手の）爪（敬語）
chim	1）家，2）建物
chimto	屋根
chimtshang	隣人
chinpa	肝臓
chip	1）唇，2）馬（敬語）

cho	1) 方角，方位，2)（動詞の後で）してもよい，許可されている，be --, してもいい
cho-lu	（〜の）方向に
chö	あなた
chodri ke-ni	お手数をかけさせる
choku	法要，-- tang-ni　法要を営む
cho:m	土産
chora-ci	同じ，同一の
chora-the	同じ，同一の
chörten	仏塔
chösham	仏壇，仏間
chu	1) 水，2) 川，3) 小便
chu chu-ni	洗う
chubel	カエル
chugön	パパイヤ
chu-'lang	水牛
chum	米
chum 'ma:p	赤米
chung-gu	小さい
chungso	小さい
chup	金持ち
chuto	くちばし
chutshö	1)（何）時，2) 時間
chuzhing	水田
ci	1
cikha	（〜と）いっしょに
codrom	（低いブータン式の）テーブル
cokha	修理，-- cap-ni　修理する
cön	欠点，傷
cong-ni	護る
cu(tham)	10

ゾンカ語—日本語語彙

D

da	1) 弓, 2) 今, 3) さあ, 4) (〜) と (〜)
da-ni	1) 追う, 2) (車を) 運転する, gari --
dachi	今しがた
dado	今, 現在
dado-ra	今すぐに
dakhu	精液
dam	ぬかるみ
dama	葉
dangpa	第一 (の)
dangphu	昔
dang-sangsa	きれい
dangzha	この間
dari	1) 今日, 2) このところ, 3) (西洋暦の) 日
dari-kapci	現在
dari-na:pa	この頃
daru(ng)	1) 更に, 再び, 2) (否定辞を伴って) まだ (——ない), -- ma lhö まだ着かない
dathra	月経
datsi	チーズ
dau	月, (ブータン暦の) 月
da:u	バターミルク
dazun	ダース (英語 dozen)
de	それで, そして, ところで
deba:	しかし, でも
deben	では, それでは
de-be-wa-cin	では, それでは
de-be(w)u-da	しかし,
deci(-ra)	1) それだけ, それくらい, 2) (数字の後で) 約, くらい, 程, 頃
de-le	では, それでは, それから

demi	1) 錠, 2) 鍵, -- cap-ni 鍵をかける
dera-beru	しかし
de-toto	快適な
di	これ
di-be-ru	それでも
di-le-pha:	これから, 今後
diu	弾丸
do	1) 石, 2) 二 (杯)
dö(p)-ni	1) 住む, 滞在する, 2) 座る
dochen	部長, 所長
dochen wokma	課長
doci	今年
do:ji phalam	ダイヤモンド
dolom	なすび
dom	熊
dom-ni	合計する, 加える
doma	ドマ (ビンロウの実)
domsha	熊の肉
domtsi	足し算
dönda	意味, 目的
dong	1) 顔, 2) 穴
dongkha(-lu)	(～の) 真ん前に
dön-hing	心臓
dön-lu	(～の) ために
do-nying	心臓
dopchu	腕輪, ブラスレット
dorje phalam	ダイヤモンド
dozop	石工
dra-ni	1) 切る, 2) (病気が) 治る, 3) (～するのが) いい, jo-wa -- 行った方がいい
dramtsi	ジャックフルーツ

drang-ni	（食事を）出す
drasho	ダショー（爵位）
dre	悪霊，悪魔
dremkhang	郵便局
dremtak	切手
dri-ni	1) 書く，yigu -- 手紙（文字）を書く，2) 描く，rimo -- 絵を描く，3) 質す，訊く
drim	匂い
driwa	質問
dro	羽根
dro-ni	怖がる
drö	熱，暑さ
drögi(-be)	ゆっくり
drom	箱
drom-be	遠慮なく
dronchim	ゲストハウス
drong-gemtse	タキン（動物）
drongsep	田舎
dropa	朝
drop(a)-ja	朝御飯
drö-toto	暖かい
drou	味
dru	1) 龍，2) ブータン，3)（十二支の）辰，4) 六，5) 船
drungchen	次官
drungtsho	医者
drül	（十二支の）巳
drup	ブータン人
drup-ni	成就する，完成する
dru-'ü:	ブータン国
du-ni	集める

ゾンカ語—日本語語彙

duci	今年
duktshä	マラリヤ
dumdraci	すこし
dumra	庭
dün	七
dünthra	週, 週間
dzä-ni	(敬語) する, なさる, chala:-- お仕事をなさる
dzamling	世界
dzenä	ハンセン氏病
dzim	まゆげ
dzomkhang	集会所, ホール
dzong	ゾン (城)
dzongda	知事
dzongda wogma	副知事
dzongkha	ゾンカ語
dzü-ni	入る
dzuki	指輪
dzum(ci)	(〜の) ような
dzüma	偽物, 偽物の
dzum-be	(〜の) ように
dzum(o)	指
dzupcu-sem	おくら

E

'ema	唐辛子
'ema-datsi	エマダツィ (唐辛子のチーズ和え)
'emchi	医者
'ep-pchi	唐辛子の粉末
'eto-meto	しゃくなげ
'eze	唐辛子サラダ

G

ga	1）誰（疑問詞），2）疑問辞（文末）
ga-ni	好き，好む
gä:	八
gä(l)-ni	通り過ぎる，越える，（川を）渡る
gä:(-de)	（〜を）通り過ぎて
gaci	何（疑問詞）
gaci-be	どうして（理由）（疑問詞）
gaci-mo ze-wa-cin	どうしてかというと，なぜなら
gade	どこ（疑問詞）
gade-be	どうして，どのようにして（様子，状態，手段）（疑問詞）
gade-be-ru	どんなことがあっても，ぜったいに
gadem	どんな（疑問詞）
gade(m)ci	どれだけ，いくら（疑問詞）
gade-re	（一個あたり）いくら（単価）（疑問詞）
gade-ya(ng)	どこでも
gälcän	大切な，重要な
gälche	大切な，重要な
gälda:	国旗
gälkhap	国，王国
galpani	マフラー
gälrap	歴史，王統記
gälsa	首都
gani yang	（否定辞を伴って）何も
gang	一（杯）
gang-ri	1）山，2）雪山
gangto	丘
gari	自動車
gari-lam	自動車道路
ga-toto	うれしい，快適な

ゾンカ語―日本語語彙

gau	お守り
ga:u	鍛冶屋
gayera	すべて
gelong	僧侶
gencha	装飾品
ge:p	背中
gera	すべて
getshig	脊髄
geza	とうもろこし
gichu	刃物，ナイフ
gimtsi	鋏【はさみ】
go	1) 頭，2) 戸，-- pche-ni 戸を開ける，開店(所)する，-- dam-ni 戸を閉める，閉店(所)する，3)（男の）着物，4) 回数，-- dangpa，第1回目，初めて
go-ni	1) 必要とする，要る，2) 耳にする，聞く
go:-ni	1) 回る，2)（時間が）かかる
gö	鷹【たか】
godri	窓
gola	1) 布，2) 衣服（一般）
gole-be	ゆっくり
gomchen	ゴムチェン（在家修行者）
go:m zhu-ni	暇請いをする
göm	雌馬
gön	きゅうり
gönchim	ゲストハウス
gong	値段
gongdo	卵
gong ma thri	すみません
gongphel	開発，発展
gop	たまねぎ

gopön	長【おさ】
gopsha	分割，-- cap-ni 分割する，分ける
gora	門
goram	砂糖
gorgor	丸い
gu	九
gu-ni	待つ
gu(-lu)	（～の）上（に）
gunca	さとうきび
gün	冬
gündrum	ぶどう
gur	テント
guru-mecha	胡椒
gushe	櫛【くし】
guto	頭
güzhap	尊敬，-- be-ni 尊敬する

H

ha:	ハ（地方）
hago-ni	理解する，分かる
halä-ni	驚く
halä-sisi	驚くべき
halä-sisi-be	驚くべき程，驚くべく
halamci	ほとんど
hang	枕
hayan	アルミ
'hema	昔，以前
hengkä	余分に
hing-sangsa	清潔な，澄んだ，（空が）晴れた
hing-sangsa-be	清潔に，きれいに
'höm	青

ゾンカ語―日本語語彙

humpa レモン

I
'inda (西洋暦の) 月 ('in＝English, 外来の)
'ing ～である
'intshe (西洋暦の) 日

J
ja 1) お茶, 2) 百
ja: 舌 (敬語)
jä-ni (目上の人と) 会う
jachen 緞子【どんす】
jadang ブラックテイー
jagar 1) インド, 2) インド人
jakhang 喫茶店
jami 中国人
jam-toto たやすい
jamu 紫
jamtsho 海
jamzho 髭【ひげ】
jang 1) 北, 2) 壁
jang-ni 開ける
jangkha 数字, -- cap-ni 計算する
jangkhu 緑
jang-me 寒い
jang-na(k) (黒い) 緑
jang-nup 北西
jang-se (明るい) 緑
jang-sha: 北東
jap 後
japkha(-lu) (～の) 後【うしろ】に

japtha	（ブローチの）鎖
jarim	美しい
jau	口髭
je	ペニス，男性器
je-ni	忘れる
jesor	交換，-- tang-ni，交換する
ji	重さ
jicän	重い
jikten	宇宙，世界
jin-ni	与える，贈与する
jinlap	加護
jo-ni	行く
jön-ni	1）行く（敬語），2）着く（敬語）
jopa(ra)	すぐに，早く，急いで
jou	ソバ（穀物）
jü-de	（〜を）経由して
juma	1）腸．2）腸詰め，3）尾
juru	珊瑚
juthrin	電話，-- tang-ni，電話する

K

ka:	小麦
kä	1）音，-- cap-ni，音を立てる，2）語，言葉，bö --，チベット語
kadrinche	ありがとう
kajang	住所
kak-ni	止める
kakru	かぼちゃ
kam	乾いた
kam-ni	乾かす
ka:m	星

ka(ng)m	足，-- to-ni，歩く，徒歩で行く
kam-thöthrö	乾いた
ka(ng)m-tshik	足首
kamzhing	畑
kang-ni	満たす，一杯にする
kangtra	フォーク
kangtri	椅子
kapkap-lu	時々
kapni/kapne	（礼装用の男の）ショール
ka:p	白い
karma	分
kä-toto	安い
kayö	茶わん
kau	柱
ke	首
ke:-ni	1) 届ける，持っていく，2)（人を）見送る
kecha	首飾り，ネックレス
keji	キログラム（＝kg）
kep	腰
kera	帯
kewa	じゃがいも
kha	1) 口，2) 言語，dzong --，ゾンカ語，-- 'lap-ni, 話す
khä	違い，-- me(ng)，構いません，どういたしまして
khada	カタ（儀式用の白いスカーフ）
kha-gi	口頭で（口＋でもって）
kham	桃
khamlo-sisi	汚い
khänpa-meto	菊
kha-nyim	一昨日

khap	1）針，2）時
kha-pa(k)pa	濃い
khasha	布
khatsha	昨日
khatsha kha-nyim	この間
khatu	（〜の）側，方角
khau	雪
khe	1）氷，2）（二十進法で）20
kheche	（二十進法で）8,000
khen-ni	知る（敬語）
khepsang	利益，-- za-ni，利益を得る
khi	（十二支の）戌
kho	かれ
khong	1）かれら，2）かいせん（病気）
khurtsho	頬【ほお】
kili	肘【ひじ】
kilomitra	キロメートル（＝kilometer）
kira	（女の）着物
kishi	虱【しらみ】
kitap	本
kiu	出生
kole	（〜に）ついて，'lopdra --，学校について
kom-ni	時間がある，暇がある
köm	喉
koma	コマ（キラを肩のところで留めるブローチ）
köncho-sum	三宝（仏法僧）
kongtse	パイナップル
kou	皮
kopi	キャベツ
ku	1）身体（敬語），2）仏像
kukhor	王族（王家の構成員）

kutshap	1）大使，2）代理
küp	1）糸，2）親戚
kupa:	写真（敬語）
kusha	（身体の）肉（敬語）
kushu	りんご
kuthra	体毛（敬語）
kuzu	身体（敬語）
kuzu zangpo (la)	こんにちは，こんばんは（時間に関係なく，人と会う時の挨拶）

L

la	1）峠，2）はい（返事）
'la	料金
la:	仕事
'lacha	賃金
'lachum	麝香【じゃこう】
lädon	目的，-- drup-ni，目的を達成する
lakha	難しい
lakhe:	通行許可書，パス
'lakhor	タクシー
laktshik	手首
lalu	いくつか，幾人か
lam	道
'lam	ラマ僧
'lambenda	トマト
län	返事，答え，-- tang-ni，返事する
'lang	雄牛，（十二支の）丑
'langlep	石鹸
lap	手，腕
laphu	大根
laphu 'ma:p	人参

'lap-ni	言う
las	はい
lathi	掌【てのひら】
lazo-tshongkhang	エンポリウム，民芸品売店
le	1)（～）から（起点），2)（～）より（比較）
'ledu	腿
lekhung	事務所
lekor	ゼロ
len-ni	手に取る，受け取る
'lep	脳
leplep	平たい
lesha	たくさん
leshom	いい
leshom-be	上手に，うまく
lha	神
lhadre	1) 悪霊，2) 神と悪魔
lhadrip	絵師，画家
lhakhang	お堂
lham	靴
lhamo	女神，天女
lhampa	種類
lhänkhag	省，sherig -- 文部省
lhäntshog	委員会
lhap	鼻
lhapa	洟【はな】
lha(p)-ni	学習する，学ぶ
lhip	睾丸
lho	南
lho-nup	南西
lho-sha:	南東
lhö-ni	着く

ゾンカ語―日本語語彙

li	青銅，合金
'li	梨
lichi	ライチ
'lingka	（宮殿の）庭
liwang	オレンジ色
lo	1）年，2）歳
'lo	咳き
'lo:	話，-- cap-ni，話す
logü	1）物語，言い伝え，2）歴史
'lok	雷
lok jön-ni	戻っていく（敬語）
lokde	ふたたび，繰り返して
lok-tap	二倍
long-ni	立つ
lönpo	大臣
'lo-nyän	映画
'lo-nyän-khang	映画館
'lopdra	学校
'lopthru	生徒
'lopön	1）先生，2）（一般男性に対して）もしもし（呼びかけ）
lor	紙幣
'lorim	クラス，学級
losar	新年，元旦
'lou	肺
lu	羊，（十二支の）未
'lu-ni	注ぐ
lü	肥料
'lung	風
'lungsi	空気
'lungtshup	風

M

'ma	傷
ma:	1) バター, 2) 下に, 下手に, -- cha(ng)m-ni 飛び下りる
'mabja	孔雀【くじゃく】
mächa	毛布
madrau	様々な, 色々な
mahe	水牛
makhu	1) (食用) 油, 2) ガソリン
'mami	軍人
'män	薬
mangkhe	顎
'mänkhang	病院
'mänkhap	注射
'män-yom	看護婦
'map	1) 夫, 2) (娘) 婿
'ma:p	赤い
mapa	実際のところ
mapa-le(-ra/rang)	(否定辞を伴って) 全然, 一切〔ない〕
'mare	(動詞の後について, 命令形を作る)(～)しなさい, してください
'marmuk	ブラウン色
mato	(～) 以外
mazhi	実際のところ
me	火
meng	(～) ではない
mep tang-ni	壊す
meto	花
meto kopi	カリフラワー
metra	メートル (英語 meter)
metre	マッチ (英語 match)

ゾンカ語—日本語語彙

mi	否定辞
'mi	人
'migö	雪男，イェテイ
'mikchu	涙
'mikdzim	まゆげ
'mikto	目
'mik-ül	目的
ming	名前
min(d)u	1)（存在し）ない，2)（では）ない
'miser	国民，平民
mitra	メートル（英語　meter）
mo	1) かのじょ，女性，2) 占い
mo-dre	らば（雌）
'mönlam	祈り，-- tap-ni　祈る
motshän	女性器
muti	真珠

N

na	1) 大麦，2) 中，内部，3) あなた（敬語）4) ここ
'na	膿【うみ】
'nä	聖地
na-ni	1) 病気する，2)（頭が）痛い，頭痛がする
'nachu	鼻水
nahing	去年
nake	ゼンマイ
'näkhap	アイデア
naktshä(l)	森，林
'naktsi	インク，墨【すみ】
nam	いつ
'nam	1) 空，天気，2) 嫁【よめ】
'nam-ni	（手に）持つ（敬語）

namche	真夜中
'namco	耳
'namdru	飛行機
'namdru-thang	飛行場
'name-same	非常に
namkha	空
namza	衣類（敬語）
nang	内，中
'nang-ni	渡す，与える（敬語）
nangmi	家族（──構成員）
na(ng)-na(-lu)	内に，中に
'nangwa	許可
'nap	黒い
na:pa	明日
na:pa-le	近い内に（＝あす以後）
na:pa-'na:tshe	近い内に（＝あす・あさって）
natsha	病気
'na:tshe	あさって
'nau	エセヒツジ（ブルーシープ）
näzhi	病気
nelzem	つばめ
'nem	妻
'netsha	妻
nga	私
'nga	1）太鼓，2）五
'nga-ni	注文する
ngaca/ngace	私達
'nga:ja	（砂糖入り）茶
'ngamo	駱駝【らくだ】
ngangla	バナナ
'ngema	以前

ゾンカ語—日本語語彙

ngo	顔（面識）
'ngoma	本物，本物の
ngoshe(p)	顔見知り，面識のある人
'ngu-ni	泣く
'ngül	銀
'ngülkhang	銀行
'ngültram	ヌルタム（通貨の単位）
ni	これ
'no-ni	考える
no:	乳牛（＝「宝」）
nocu	弟
norpu	1) 宝，宝石，2) ノルプ（人名）
'nosam	考え，-- tang-ni 考える
no:-sha	牛肉
num	妹（女から見て）→ sim
'numkhor	自動車
numo	夜
nup	西
nup-che	真夜中
nya	魚
'nya-ni	借りる
nyakhacu	アスパラガス
nyamci	（〜と）一緒に
nyamnyong	経験
nyän-ni	聞く（敬語）
nyasha	魚肉
nye	病気
nyelthri	ベッド
'nyen	結婚，-- cap-ni 結婚する
nyeo	兄弟姉妹，親戚
nyetshang	親戚

nyim	1) 太陽, -- sha-ni 日が昇る／照る, 日が昇る 2) 日, -- sum 3日
nyima	日中, 昼間
nyimä to/seu	昼食（／敬語）
nyi	1) 私, 2) 私の
'nyi	二
nyin-gung	昼
nyishu	（二十進法で）400
nyo-ni	買う
'nyugu	（竹）ペン
nyung-ni	病気する（敬語）

O

'ogän	オギェン国（'ugän と同じ）
'ola	カラス
'ola-chuto	蘭（食用にも用いる）
'om	1) 牛乳, 2) 乳房
'omshu	ブラジャー
'omsu	靴下
ongbap	収入, 歳入
onju	ブラウス
'oro	ワタリガラス
ösu	コリアンダー
'ototo	かなり, 結構（たくさん）, まあまあ（立派な）
özer	光線, 光

P

pa:	1) 写真, -- tap-ni 写真をとる, 2) 肉片
päde	皿
pako	1) 皮膚, 2) 革
päka	からし

pangtshä	原っぱ
parkhang	写真店
partrün-khang	印刷所
pao	英雄
pata(ng)	（儀礼用の）刀
pätshe	青菜
pca	猿
pcata	肩
pceu	額【ひたい】
pcha-sisi	細い，スリムな
pcha:m	箒【ほうき】
pche	半分
pche-ni	1) 開ける，2)（人に）会う
pchem	数珠
pchemla	蝶
pchi	小麦粉
pchikha(-lu)	外
pcime	ヒップ
pcimi	国会議員
pchiru-to	夕食
pe	1) 見本，2) 見事に，とても
pecha	本
pe(n)dzö(-khang)	図書館
pekhang	本屋
pema(-meto)	蓮（の花）
pep	蛭【ひる】
pha:	向こう側，あちら
pha:-khatu	向こう側
phaksha	豚肉
phaksha pa:	豚肉の角煮
pham	父母

pham-ni	負ける
phap	1) 豚, 2) (十二支の) 亥
phap-ni	(値段を) 下げる, 安くする
pho	男性
pho-ni	(〜に) あたる, 該当する
phocum	腹
phodrang	宮殿
pho-dre	らば (雄)
phoge:	男
phogem	兄
phoja	1) 男, 2) 夫
pho:p	お椀
phomo	性 (別)
photshän	男性器
phou	胃
phü-ni	贈る, 捧げる
pincha	兄妹, 親戚
pisi	鉛筆 (英語 pencil)
pitsa	1) いい, 良い, 2) とてもよく
pön	王, 領主
pumo	膝

R

ra	山羊
rachu	(礼装用の女の) ショール
rapjung	ラプジュン (ブータン暦の60年のサイクル)
rato	根
ri	1) 山, 2) 種類
ribon	兎
rili	鉄道
ri:m	長い, (背が) 高い

rimo	絵
ripha	猪
rochi	犬
rokram	援助
rokram be-ni	援助する
rübel	亀
ruto	骨

S

sa	1) 土, 2) 場所, 3) 地球
sä	息子（敬語）
sacha	土地, 場所
sacho	方角, 方位
sadän	カーペット
saga	生姜
samu	1) 霧, 2) 雲
sangpö	来年
saptra	地図
sa-tratra	硬い
sap-thröthrö	薄い
sa:p	新しい
saya	100万
sayom	地震
sazhi	土地
se:	金
sem	心
se:m	1) 娘（敬語）, 2) 王女
semcän	生き物
semcum	豆
sem ga-ni	喜ぶ
seng-ge	ライオン, 獅子

sep	雄馬
se:p	黄色
serkha	秋
seshe-meto	マリゴールド
seu	1) 雹, 2) 昼食（敬語）
sha	肉
sha-ni	（日が）照る, 昇る
sha:	東
sha(k)-ni	死ぬ（敬語）
shakha	ピンク色
shälnä	下痢
shamu	きのこ
shau	鹿
she-ni	知る, わかる
sherig lekhung	教育局
sherig lhänkhang	文部省
shi-ni	死ぬ
shing	木, 木材
shingdrä	果物
shingtro	お盆
shingzo	大工
shogu	紙
shop	1) 翼, 2) 嘘, -- cap-ni　嘘をつく
shüma	1) 最後, 2) 後ほど
si	冷たい, 寒い
sidrö	寒暖, 気候
sim	妹（男から見て）→　num
simu	爪
sincu	イヤリング
si-thröthrö	冷たい, 寒い
so	歯, -- tap-ni　噛む

soera	1）褒美，2）御馳走
söja	お茶（敬語，丁寧語）
soka	春
söma:	バター（敬語，丁寧語）
sön	種
sor-ni	交換する
sösha	肉（敬語）
sö(l)thap	台所（敬語）
sotru	歯ブラシ
su:ja	バター茶
sung-ni	話す，おっしゃる（敬語）

T

ta	1）馬（一般），（十二支の）午，2）上，ta-lu（～の）上手に
ta-ni	見る，（本を）読む
tabura	いつも，常に
ta:go	胡桃
tak	虎，（十二支の）寅
tako	首
taktshe-meto	バラ
tang-ni	送る
tangku	たばこ，-- thung-ni 喫煙する
tap	倍数
tap-ni	1）建立する，2）（写真を）撮る
targo	胡桃【くるみ】
tari	斧
tasep	種馬
tashä	物見，見学，観光
tashä-lekhung	観光局
tashäp	観光客

teo	臍【へそ】
tepsi	サクランボ
ter-ni	許可する
tha	1) 機，織機，2) 距離
tha-ni	織る
thälka	灰色
tha:m	織り手（女性）
tha:ma	1) 最後，2) 後ほど
thap	竈【かまど】
thap ja-ni	喧嘩する
thaptshap	料理人
thaptshang	台所
tha-ringsa	遠い所
then-ni	引く
theng	（何）回目
theu	埃
thikle	精液
tho	高い
tho:	階
thoka	1) 二階，2) 上の階
thong-ni	見える，目にする
thou	槌
thra	1) 血，2) 柄
thragtsa	血管
thranglam	近道
thrang-tangta	真直ぐ，正直
thrangthrang	真直ぐ
threthre-ra	度々
thri	万（単位）
thrimkhang	裁判所
thrimpön	裁判官，判事

ゾンカ語―日本語語彙

thrinä	肝炎
throm	街，市場
thrukhang	工場
thrungthrung	鶴，-- ka:m オグロヅル
thu(k)	心
thum	スプーン
thün	祈り，祈願，-- tang-ni 祈る
thung-ni	1) 飲む，2)（たばこを）吸う
thungku	短い
thung-ni	飲み物
thup-ni	1)（動詞の後で）(～) できる，2) OK
thüp	スープ
thra	1) 血，2) 柄
tikang	コイン，貨幣
ti:m	踵
ting-gä	山椒
ting-le	後で
tiru	お金
tiu	臍
to	御飯，食事
to(k)-ni	切る
tögo	1)（女の）ジャケット，2)（男の）シャツ
tön-ni	見せる
tong	千（単位）
tongphu(-shing)	ヒマラヤ松（ブルーパイン）
totsha(ng)	友達
trashi	1) 吉祥，2) タシ（人名）
tre	（十二支の）申
trin	雲
trö-ni	1) 渡す，与える，2) 払う
trum-ni	割る

tsa	1）草，2）神経
tsa:	1）錆【さび】，2）竹
tsagä	馬鹿（男）
tsagäm	馬鹿（女）
tsa-le(-ra/rang)	（否定辞を伴って）全然，一切〔ない〕
tsamdrok	放牧地
tsang	棘【とげ】
tsang-chu	（大きな）川
tsang-toto	清潔な
tsang-toto-be	清潔に
tsem	遊び，-- tse-ni 遊ぶ
tseden	白檀，-- ka:p, 白檀，-- 'ma:p 黒檀
tsha	1）塩，2）回数
tsha:-ni	1）終わる，2）（動詞の後について）（～し）終わる，be ---i し終わった
tshä	寸法
tshachu	温泉
tshaja/tshagäng 'lang-ni	心配する
tsham	1）境，2）姪
tshän	名前（敬語）
tshang	巣
tshatom	（水が）熱い
tshau	甥
tshe	（ブータン暦の）日
tshelu	みかん
tshem	歯（敬語）
tshema	茂み
tshempön	仕立て屋，テイラー
tshe-'ngon-meto	青いケシ
tshilu	脂【あぶら】

tshima	唾液【だえき】
tshi:to	関節
tsho	1) 湖, 2) 色, 3) 夕食（敬語）
tshogdu	集会，-- chenmo　国会
tshökham	サフラン色
tshokhang	集会所
tshöm	おかず
tshön	色，色彩，-- tang-ni　彩色する，塗る
tshong	商売，ビジネス
tshongkhang	店
tshongpön	商店主，ビジネスマン
tshöse	野菜
tshu-ni	（動詞の後について）できる，be -- することができる
tshuntshö	（〜）まで
tsi:	会計，勘定
tsi: cap-ni	計算する
tsip	1) 壁, 2) 怒り，-- za-ni　怒る
tsi:p	占い師，占星師
tsompapo	著者
tsong-ni	売る
tsongkhang	監獄
tsum	王妃
tu	膣
tu:-pakpa	固い

U

'u	頭（敬語）
'ü:	1) 国, 2) 故郷, 3) 村
'uca（='uthra）	髪（敬語）
'ugän	ウギェン国（'ogän と同じ）

ゾンカ語―日本語語彙

'urti　　　　　　　アイロン，-- cap-ni アイロンをかける
'urusu　　　　　　ロシア
'ushila　　　　　　ミント
'uthra（='uca）　　髪（敬語）
'uzha　　　　　　　帽子（敬語）

W

wa　　　　　　　　1) 木桶, 2)（～）より（比較）
'wang　　　　　　　潅頂
wang　　　　　　　ワン（ティンプ地方）
wogma　　　　　　下の，副（～）
woktho　　　　　　下の階
wok-lu　　　　　　（～の）下に，下手に
wong-ni　　　　　来る
wukpa　　　　　　フクロウ

Y

ya　　　　　　　　1)（～）か，あるいは（～），2)（対の）片方，2)
　　　　　　　　　　疑問辞（文末）
ya-ni　　　　　　　痒い，痒む
ya(ng)　　　　　　（これ）も（あれも）
ya:　　　　　　　　上に，上手に
'yä　　　　　　　　右
'yak　　　　　　　　ヤク（雄）
yam-yö　　　　　　かぼちゃ
yäncin　　　　　　（～）か，あるいは（～）
yangche　　　　　（二十進法で）160,000
yang-thröthrö　　軽い
yap　　　　　　　　父（敬語）
ya(w)u　　　　　　痒い
ye　　　　　　　　（～）も（～も）

ゾンカ語—日本語語彙

yigu	1) 文字, 2) 手紙
yikshu	封筒
yiktshang	事務所, 役所
yö	1) 兎, 2) (十二支の) 卯
yö-ni	(〜が) ある, 存在する, 居る, 所有する
yöntän	知識
'yön	左
you	鷲【わし】
'yu	トルコ石
yum	1) 母 (敬語), 2) 皇太后
'yündo	かぶ

Z

za	曜日
za-ni	1) 食べる, 2) (薬を) 飲む
za-dau	日曜日
zädro	出費
zakhang	1) レストラン, 食堂. 2) ホテル
za-lhakpa	火曜日
zam	橋
za-mikma:	月曜日
zang	銅
za-nyima	土曜日
za-pasang	木曜日
za-penpa	金曜日
za-phurbu	水曜日
zatshang	家族
zatshe	家族
ze	(〜) と (言う) (直接話法を引用する場合)
ze-mi	(〜) というのは
ze-ni	登る

zendom	蚊
zha	虹
zha(k)	夜（泊）
zha-ni	置く，しまって置く
zhä	口（敬語）
zham	帽子
zhän(mi)	別の
zhän-ya(ng)	他にも
zhap	1) 足（敬語），2) 国王
zhaplham	靴（敬語）
zhapsim	（足の）爪（敬語）
zhapthra	踊り，-- cap-ni 踊る
zhapu	膝（敬語）
zhatsi	鉛
zhe-ni	召し上がる（敬語）
zhe-nyim	さきおととい
zhego	食事，食べ物（敬語）
zhehing	一昨年
zheng-ni	1) 立つ（敬語），2) 建設する
zhephö	さらい年
zhetshe	しあさって
zhi	四
zimchung	家，住まい（敬語）
zhim-le	（動詞の後について）（～して）から，（～した）後で
zhim-to(k)to	美味しい
zhing	田畑
zhipcä	検査，調査
zhipcä be-ni	検査する，調査する
zhipzhip	詳しい
zhipzhip-be	詳しく
zho	ヨーグルト

zhön-ni	乗る
zhönta	（乗馬用の）馬
zhu	矢
zhu-ni	1) いただく，買う，2) 座る，腰掛ける（敬語），（そこから転じて）待つ，3) 住む（敬語），4) 言う，申し上げる（謙譲語）
zhung	1) 政府，2) 基本典籍
zhunglam	国道，幹線道路
zhungtshap	大使
zhung-'yo	国家公務員
zhusa	住まい，家（敬語）
zhuyig	申請書，申込書
zi	瑪瑙，猫目石
zi-ni	見る（敬語）
zig	豹
zo-ni	作る
zokhang	工場
zom-ni	集まる
zou	大工
zu	身体，身長
zukha(-lu)	（〜の）脇に
zung-ni	摑む，捕らえる
zur	側面，辺
zursum	三角（形）
zurzhi	四角（形）

日本語―ゾンカ語語彙

あ

愛人	'aro-garo
間	bana(-lu)
アイデア	'näkhap
アイロン	'urti（――をかける，-- cap-ni）
会う	pche-ni, jä-ni（目上の人に）
青（い）	'höm
青いケシ	tshe-'ngon-meto
青菜	pätshe
赤い	'ma:p
赤米	chum 'ma:p
赤ん坊	'alu meche
秋	serkha
悪魔	dre
悪霊	dre, lhadre
開ける	jang-ni, pche-ni
顎【あご】	mangkhe
朝	dropa
朝御飯	drop(a)-ja
あさって	'na:tshe
足	ka(ng)m, zhap（敬語）
足首	ka(ng)m-tshik
味	drou
明日【あす】	na:pa
アスパラガス	nyakhacu
遊び	tsem
遊ぶ	tsem tse-ni

日本語―ゾンカ語語彙

与える	trö-ni, jin-ni, 'nang-ni（敬語）
暖かい	drö-toto
頭	go, guto, 'u（敬語）
新しい	sa:p
あたる（＝該当する）	pho-ni
あちら（に）	pha:(-khatu)
熱い（水が）	tshatom
暑さ	drö
集まる	zom-ni
集める	du-ni
後【あと】で	ting-le, zhimle（した――, be ---）
穴	dong
あなた	chö, na（敬語）
兄	phogem
姉	'azhim
あの	'aphe
油	makhu
脂【あぶら】	tshilu
尼	'anim
雨	cha:p（――が降る, --- cap-ni）
洗う	chu chu-ni
ありがとう	kadrinche(-la)
ある	yö-ni
あるいは	ya(ng), yäncin
歩く	ka(ng)m to-ni
アルミ	hayang

い

胃	phou
亥（十二支）	phap
いい	leshom, pitsa

日本語—ゾンカ語語彙

言い伝え	logü
委員会	lhäntshog
言う	'lap-ni, zhu-ni（謙譲語）
家	chim, zimchung（敬語）, besa（住んでいるところ）, zhusa（敬語）
イェテイ	'migö
(〜) 以外	mato
怒り	tsip
怒る	tsip za-ni
生き物	semcän
行く	jo-ni, jön-ni（敬語）
いくつか	lalu
幾人か	lalu
いくら（疑問詞）	gade(m)ci, gade-re（単価）
居酒屋	changkang
石	do
石工【いしく】	dozop
医者	drungtsho, 'emchi
椅子	kangtri
以前	'ngema, 'hema
急いで	jopa(ra)
いただく（＝買う）	zhu-ni
一	ci, gang（一杯）
イチゴ	bepe-tshelu
市場	throm
一番	'ang-dangpa
何時【いつ】	nam
一切〔――ない〕	mapa-le(-ra/rang), tsa-le(-ra/rang)（否定辞を伴う）
一昨日	kha-nyim
一昨年	zhehing

日本語―ゾンカ語語彙

（～と）いっしょ（に）	cikha, nyamci
一杯にする	kang-ni
いつも	'atahalu, 'atara, tabura
糸	küp
暇請いをする	go:m zhu-ni
田舎	drongsep
犬	rochi
戌（十二支）	khi
猪	ripha
祈り	thün, 'mönlam
祈る	thün tang-ni, 'mönlam tap-ni
衣服（一般）	gola, namza（敬語）
イヤリング	sincu
今	da, dato
今しがた	dachi
今すぐに	dato-ra
意味	dönda
妹	num（姉から見て）, sim（兄から見て）
要る	go-ni
居る	yö-ni
色	tsho, tshön
色々な	madrau
インク	'naktsi
印刷所	partrün-khang
インド（人）	jagar

う

兎	ribon
卯（十二支）	yö
ウール	bä
上（に）	gu(-lu)

日本語―ゾンカ語語彙

受け取る	len-ni
兎	yö
牛	ba（雌），'lang（雄）
丑（十二支）	'lang,
後	jap, japkha
薄い	sap-thröthrö
嘘	shop（――をつく, -- cap-ni）
宇宙	jikten
打つ	cap-ni
美しい	jarim
腕	lap
腕輪	dopchu
馬	ta, chip（敬語），zhönta（乗馬用）
午（十二支）	ta
うまく	leshom-be
海	jamtsho
膿【うみ】	'na
占い	mo
占い師	tsi:p
売る	tsong-ni
うれしい	ga-toto
運転する（車を）	da-ni（車を――, gari --）

え

絵	rimo
映画	'lo-nyän
映画館	'lo-nyän-khang
英雄	pao
描く	dri-ni（絵を――, rimo --）
絵師	lhadrip
エセヒツジ	'nau

日本語—ゾンカ語語彙

援助	charo, rokram (——する, -- be-ni)
鉛筆	pisi（英語　pencil）
エンポリウム	lazo-tshongkhang
遠慮なく	drom-be

お

尾	juma
甥	tshau
美味しい	zhim-to(k)to
追う	da-ni
王	pön
王国	gälkhap
雄牛	'lang
王女	se:m
王族	kukhor
王統（記）	gälrap
王妃	tsum
大きい	bo:m
オーケー（OK）	thup
大麦	na
丘	gangto
おかず	tshöm
お金	tiru
お粥	thüp
置く	zha-ni
奥さん	'amtsu
おくら（野菜）	dzupcu-sem
送る	tang-ni
贈る	phü-ni
オグロヅル	thrungthrung ka:m
行【おこな】う	cap-ni

日本語―ゾンカ語語彙

怒【おこ】る	tsip za-ni
長【おさ】	gopön
叔父	'akhu（父方），'azhang（母方）
雄馬	sep
おっしゃる	sung-ni（敬語）
夫	'map, phoja
音	kä（――を立てる，-- cap-ni）
お堂	lhakhang
弟	nocu
男	pho, phoge:, phoja
男の子	butsu
おととし	zhehing
踊り	zhapthra（――を踊る，-- cap-ni）
驚く	halä-ni
驚くべき	halä-sisi
驚くべく	halä-sisi-be
同じ	chora-ci, chora-the
斧	tari
叔母	'amcum
帯	kera
重い	jicän
お守り	gau
重さ	ji
織り手	tha:m（女性）
織る	tha-ni
オレンジ色	liwang
終わる	tsha:-ni（し終わった，be ---i）
お椀	pho:p
温泉	tshachu
雄鳥	bjap
女の子	bum

日本語―ゾンカ語語彙

か

蚊	zendom
カーペット	sadän
階	tho:
回	go（第1――目＝初めて，-- dangpa）
会計	tsi:
回数	tsha
かいせん（病気）	khong
快適な	de-toto, ga-toto
該当する	pho-ni
開発	gongphel
回目（何）	theng
買う	nyo-ni, zhu-ni（謙譲語）
カエル	chubel
顔	dong, ngo（面識）
顔見知り	ngoshe(p)
画家	lhadrip
踵【かかと】	ti:m
柿	'andre
鍵	demi(bu)（――をかける，-- cap-ni）
書く	dri-ni（手紙・文字を――，yigu --）
学習する	lha(p)-ni
隠す	ba-ni
加護	jinlap
鍛冶屋	ga:u
風	'lung, 'lungtshup
家族	zatshang, zatshe, nangmi（――の構成員）
ガソリン	makhu
肩	pcata
かたい	sa-tratra, tu:-pakpa
刀	pata(ng)（儀礼用）

片方（対の）	ya
花壇	meto dumra
課長	dochen wokma
学級	'lorim
カッコー	'akhu
学校	'lopdra
家内	'amtsu
かなり	'ototo
金	tiru
金持ち	chup
かのじょ	mo
蕪【かぶ】	'yündo
壁（土——）	jang
貨幣	tikang
かぼちゃ	kakru, yam-yö
構いません	khä me(ng)
竃【かまど】	thap
神	lha
紙	shogu
髪	ca, 'uca（敬語）
上手（に）	ta(-lu), ya:
雷	'lok
嚙む	so tap-ni
亀	rübel
粥	thüp
痒い	ya(w)u, ya-ni
痒む	ya-ni
火曜日	za-lhakpa
から（起点）	le
柄	thra
からし	päka

日本語―ゾンカ語語彙

カラス	'ola
身体	zu, ku（敬語）, kuzu（敬語）
カリフラワー	meto kopi
借りる	'nya-ni
軽い	yang-thröthrö
かれ	kho
かれら	khong
川	chu, tsang-chu（大きな川）
皮（／革）	kou, pako
乾いた	kam, kam-thöthrö
乾かす	kam-ni
肝炎	thrinä
考え	'nosam
考える	'no-ni, 'nosam tang-ni
観光	tashä
観光客	tashäp
観光局	tashä-lekhung
監獄	tsongkhang
看護婦	'män-yom
灌頂	'wang
勘定	tsi:
関節	tshito
肝臓	chinpa
寒暖	sidrö
元旦	losar

き

木	shing
きいろ（黄色）い	se:p
木桶	wo
祈願	thün

日本語―ゾンカ語語彙

菊	khänpa-meto
聞く	go-ni, nyän-ni（敬語）
訊く	dri-ni
気候	sidrö
傷	'ma
傷（＝欠点）	cön
北	jang
汚い	khamlo-sisi
喫煙する	tangku thung-ni
喫茶店	jakhang
吉祥	trashi
切手	dremtak
昨日【きのう】	khatsha
きのこ	shamu
着物	go（男物），kira（女物）
キャベツ	kopi
宮殿	phodrang
牛肉	no:-sha
牛乳	'om
きゅうり	gön
今日	dari
教育局	sherig lekhung
許可	'nangwa
許可されている	cho-ni（動詞の後で）（してもいいい, be --）
許可する	ter-ni
兄弟姉妹	küp, nyeo, pincha
去年	nahing
距離	tha
霧	samu
切る	dra-ni, to(k)-ni
きれい	dang-sangsa, hing-sangsa

きれいに	dang-sangsa-be, hing-sangsa-be
キログラム	keji (= kg)
キロメートル	kilomitra (= km)
金	ser
銀	'ngül
銀行	'ngülkhang
金曜日	za-penpa

く

九	gu
グアバ	bepsiu
空気	'lungsi
釘	caze:
草	tsa
鎖（ブローチの）	japtha
櫛【くし】	gushe
孔雀【くじゃく】	'mabja
薬	'män
果物	shingdrä
口	kha, zhä（敬語）
くちばし	chuto
口髭	jau
唇	chip
靴	lham, zhaplham（敬語）
靴下	'omsu
国	gälkhap, 'ü:
首	ke（——飾り, --cha), tako
熊	dom（——肉, --sha)
雲	trin, samu
蜘蛛【くも】	bapshem

(～)くらい	(数字の後で) deci (3つ――, sum --)
クラス	'lorim
繰り返し	lokde
来る	wong-ni
胡桃【くるみ】	ta:go, targo
黒い	'nap
加える	dom-ni
詳しい	zhipzhip
詳しく	zhipzhip-be
軍人	'mami

け

計画	charzhi (――する, -- zo-ni)
経験	nyamnyong
計算	tsi:
計算する	jangkha cap-ni, tsi: cap-ni
鶏肉	bjasha
経由して	jü-de
ゲストハウス	dronchim, gönchim
血管	thragtsa
月経	dathra
結構	'ototo
結婚	'nyen (――する, -- cap-ni)
欠点	cön
月曜日	za-mikma:
下痢	shälnä
喧嘩する	thap ja-ni
見学	tashä
検査	zhipcä (――する, -- be-ni)
現在	dato, dari kapci

日本語—ゾンカ語語彙

建設する	zheng-ni

こ

五	'nga
濃い	kha-pa(k)pa
恋人	'aro-garo
コイン	tikang
公園	'lingka
交換	jesor
交換する	sor-ni, jesor tang-ni
睾丸【こうがん】	lhip
合金	li
合計する	dom-ni
こうして	'ani-be
工場	thrukhang, zokhang
甲状腺腫	bau
高僧	'lam
皇太后	yum
口頭で	kha-gi
肛門	'abu-dong
越える	gä(l)-ni
氷	khe
故郷	'ü:
国王	zhap
黒檀	tseden-'ma:p（＝赤檀）
国民	'miser
ここ	na
心	sem, thu(k)（敬語）
腰	kep
腰掛ける	dö-ni, zhu-ni（敬語）
胡椒	guru-mecha

日本語―ゾンカ語語彙

答え	län
御馳走（もてなし）	soera
国会	tshogdu chenmo
国会議員	pcimi
国家公務員	zhung-'yo
国旗	gälda:
コック	thaptshap
今年	doci,, duci
言葉	kä（チベット語，bö --）
子供	'alu
この間	dangsha, khatsha kha-nyim
この頃	dari na:pa
このところ	dari na:pa
好む	ga-ni
御飯	to
小麦	ka:
小麦粉	pchi
米	chum（赤――, -- 'ma:p）
小屋	bago
コリアンダー	ösu
これ	'ani, di, ni
これから	di-le-pha:
怖がる	dro-ni
壊す	mep tang-ni
今後	di-le-pha:
こんにちは	kuzu zangpo (la)
こんばんは	kuzu zangpo (la)

さ

さあ	da
在家修行者	gomchen

日本語—ゾンカ語語彙

最後（に）	shüma, tha:ma
最初（の）	dangpa
彩色する	tshön tang-ni
歳入	ongbap
裁判官	thrimpön
裁判所	thrimkhang
境	tsham
魚	nya, nyasha（肉）
さきおととい	zhe-nyim
昨日	khatsha
昨年	nahing
サクランボ	tepsi
酒	chang
下げる	phap-ni
捧げる	phü-ni
匙【さじ】	thum
砂糖	goram
さとうきび	gunca
錆【さび】	tsa:
サフラン色	tshökham
様々な	madrau
寒い	jang-me, si, si-thröthrö
皿	päde
さらい年	zhepö
更に	daru(ng)
猿	pca
申（十二支）	tre
三角（形）	zursum
珊瑚	juru
山椒	ting-gä
三宝（仏法僧）	köncho sum

し

四	zhi
時	baza, chutshö (3 ——, --- sum)
しあさって	zhetshe
塩	tsha
鹿	shau
四角（形）	zurzhi
しかし	deba:
時間	chutshö
時間がある	kom-ni
次官	drungchen
色彩	tshön
茂み	tshema
仕事	la:, chala: (敬語)
獅子	seng-ge
地震	sayom
舌	ce, ja: (敬語)
仕立て屋	tshempön
下に	ma:, wok-lu
七	dün
実行する	cap-ni
実際のところ	mapa, mazhi
質問	driwa
自動車	gari (——道路, ---lam), 'numkhor
死ぬ	shi-ni, sha(k)-ni (敬語)
紙幣	lor
しまって置く	zha-ni
事務所	lekhung, yiktshang
霜	bamo
下手【しもて】に	ma:, wok-lu
じゃがいも	kewa

日本語―ゾンカ語語彙

爵位（ダショー）	drasho
しゃくなげ	'eto-meto
ジャケット（女の）	tögo
麝香【じゃこう】	'lachum
写真	pa:（――を撮る，-- tap-ni），kupa:（敬語）（――を撮る，-- zhu-ni）
写真店	parkhang
シャツ（男の）	tögo
ジャックフルーツ	dramtsi
週（間）	dünthra
十	cu(-tham)
集会	tshogdu
集会所	dzomkhang, tshokhang
住所	kajang
収入	ongbap
十万	bum
重要な	gälcän, gälche
修理	cokha（――する，-- cap-ni）
一六万（二十進法）	yangche
数珠	pchem
出生	kiu
出費	zädro
首都	gälsa
種類	lhampa, ri(g)
省	lhänkhag（文部――，sherig --）
錠	demi
生姜【しょうが】	saga
城塞	dzong
正直な	thrang-tangta
上手に	leshom-be
商店	tshongkhang

商店主	tshongpön
商売	tshong
小便	chu
蒸留酒（焼酎）	'ara
ショール	kapni/kapne（男の礼装用），rachu（女の礼装用）
食事	to，zhego（敬語）
食堂	zakhang
女性	'amtsu
女性器	motshän
所長	dochen
織機	tha
所有する	yö-ni
虱【しらみ】	kishi
尻	'abu
知る	she-ni，khen-ni（敬語）
城	dzong
白い	ka:p
神経	tsa
真珠	muti
申請書	zhuyig
親戚	küp，nyeo，nyetshang，pincha
心臓	do-nying，dön-hing
身長	zu
新年	losar
心配する	tshagäng/tshaja 'lang-ni
森林	naktshä

す

巣	tshang
水牛	chu-'lang，mahe（ヒンディー語）

水田	chuzhing
水曜日	za-phurbu
吸う（たばこを）	thung-ni
数字	jangkha
スープ	thüp
スカーフ（儀式用の白い）	khada
好き	ga-ni
すぐに	jopa(ra)
少し	'atsi(tsi), dumdraci
砂	bjem
スプーン	thum
すべて	chachap, cha-nyam, gayera, gera
住まい	besa:, zhusa（敬語）
墨【すみ】	'naktsi
すみません	gong ma thri
住む	dö(p)-ni, zhu-ni（敬語）
スリムな	pcha-sisi
する	be-ni, dzä-ni（敬語）（お仕事をされる, chala:--）
座る	dö(p)-ni, zhu-ni（敬語）
澄んだ	hing-sangsa
寸法	tshä

せ

性（別）	phomo
精液	dakhu, thikle
清潔な	hing-sangsa, tsang-toto
清潔に	hing-sangsa-be, tsang-toto-be
聖地	'nä
生徒	'lopthru

青銅	li
政府	zhung
世界	dzamling, jikten
咳【せき】	'lo
脊髄	getshig
石鹸	'langlep
ぜったいに	gade-be-ru
背中	ge:p
せよ（命令）	'mare（動詞の後について，命令形を作る）
ゼロ	lekor
千	tong
先生	'lopön
占星師	tsi:p
全然〔――ない〕	mapa-le (ra/rang), tsa-le (ra/rang)（否定辞を伴う）
栴檀	tseden（白檀，-- ka:p；黒檀，-- 'ma:p）
ゼンマイ	nake

そ

象牙	baso
装飾品	gencha
贈与する	jin-ni
僧侶	gelong
側面	zur
注ぐ	lu-ni
外【そと】	pchikha
ソバ（穀物）	jou
祖父	'age
祖母	'ang-ge
空	'nam, namkha
それくらい	deci, deci-ra

それだけ	deci, deci-ra
それでは	deben, de-be-wa-cin
それでも	di-be-ru
尊敬	güzhap (——する, -- be-ni)
存在する	yö-ni

た

ダース	dazun（英語 dozen）
第一（の）	dangpa
大工	shingzo, zou
太鼓	'nga
大根	laphu
滞在する	dö(p)-ni
大使	kutshap, zhungtshap
大臣	lönpo
大切な	gälcän, gälche
台所	thaptshang, sö(l)thap（敬語）
大便	'awa
体毛	kuthra（敬語）
ダイヤモンド	do:ji phalam, dorje phalam
太陽	nyim (——が昇る／照る, -- sha-ni)
代理	kutshap（敬語）
唾液【だえき】	tshima
タオル	'achotora
鷹【たか】	gö
高い	tho, ri:m（背丈）
高機【たかはた】	thritha
宝	norpu
滝	bapchu
タキン（動物）	drong-gemtse
たくさん	lesha

日本語―ゾンカ語語彙

タクシー	'lakhor
竹	tsa:
(〜)だけ	camci(-ra)（私――, nga ---）
足し算	domtsi
出す（食事を）	drang-ni
質【ただ】す	dri-ni
辰（十二支の）	dru
立つ	long-ni, zheng-ni（敬語）
建物	chim
建てる	tap-ni
種	sön
種馬	tasep
たばこ	tangku（――を吸う, -- thung-ni）
田畑	zhing
度々	threthre-ra
食べ物	zhego（敬語）
食べる	za-ni
卵	gongdo
卵酒	changkö
たまねぎ	gop
たやすい	jam-toto
(〜の)ために	dön-lu
誰（疑問詞）	ga
弾丸	diu
誕生	kiu
男性器	je, photshän

ち

血	thra
小さい	chung-gu, chungso
チーズ	datsi

違い	khä
近い内に	na:pa-le, na:pa 'na:tshe
近く（に）	bolokha(-lu)
近道	thranglam
地球	sa
知事	dzongda
知識	yöntän
地図	saptra
父	'apa, yap（敬語）
乳	'om
乳牛	no:（「宝」の意味）
膣	tu
乳房	'om
チベット	bö
チベット人	böp
茶	ja, 'nga:ja（砂糖入り）, söja（敬語, 丁寧語）
茶わん	kayö
中国人	jami
注射	'mänkhap
昼食	nyimä-to/seu（敬語）
中心	bu
注文する	'nga-ni
腸	juma
蝶	pchemla
腸詰め	juma
調査	zhipcä（──する, --- be-ni）
著者	tsompapo
賃金	'lacha

つ

対【つい】	cha

(〜に) ついて	kole (学校に——, 'lopdra --)
通行許可書	lakhe:
摑む	zung-ni
月	dau
月 (西洋暦の)	'inda
着く	lhö-ni, jön-ni (敬語)
作る	zo-ni
土	sa
槌【つち】	thou
常に	'ataraa, tabura
唾【つば】	tshima
翼	shop
つばめ	nelzem
妻	'amtsu, 'nem, 'netsha
爪	simu, chasim (手, 敬語), zhapsim (足, 敬語)
冷たい	si, si-thröthrö
鶴	thrungthrung

て

手	lap, cha(k) (敬語)
(〜) である	'ing
テイラー	tshempön
テーブル (ブータン式)	codrom
手紙	yigu
できる (動詞の後で)	thup-ni, tshu-ni (動詞の後) (することが——, be --)
手首	laktshik
手数をかけさせる	chodri ke-ni
鉄	cak
鉄道	rili (英語 rail)

日本語―ゾンカ語語彙

手に取る	len-ni
掌【てのひら】	lathi
では	deben, de-be-wa-cin
でも	deba:
照る（日が）	sha-ni
天気	'nam(zhi)
テント	gur
天女	lhamo
電話	juthrin（――する, -- tang-ni）

と

（～）と（～）（助辞）	da
（～）と（言う）	ze（直接話法を引用する場合）
戸	go（――を開ける, 開店（所）する, -- pche-ni, 戸を閉める, 閉店（所）する, -- dam-ni）
（～）というものは	ze-mi（友達――, charo --）
トイレ	chapsang
銅	zang
同一の	chora-ci, chora-the
唐辛子	'ema
唐辛子サラダ	'eze
唐辛子の粉末	'ep-pchi
峠	la
どうして（理由）	gaci-be
どうして（様子, 状態, 手段）	gade-be
とうもろこし	geza
遠い	tha-ri(ng)m
遠い所	tha-ri(ng)m-sa
通り過ぎる	gä(l)-ni
時	khap

時々	kapkap-lu
棘【とげ】	tsang
どこ（疑問詞）	gade
どこでも	gade ya(ng)
年（歳）	lo
図書館	pe(n)dzö(-khang)
土地	sa, sacha, sazhi
とても	'name-same, pe
届ける	ke:-ni
飛び下りる	ma: cha(ng)m-ni
徒歩で	ka(ng)m to-be
トマト	'lambenda
止める	kak-ni
友達	charo, totsha(ng)
土曜日	za-nyima
虎	tak
寅（十二支）	tak
捕らえる	zung-ni
鳥	bja
酉（十二支）	bja
トルコ石	'yu
どれだけ（疑問詞）	gade(m)ci
緞子【どんす】	jachen
どんな（疑問詞）	gadem

な

ない	meng（ではない）, min(d)u（ではない, 存在しない）
ナイフ	gichu
内部	na, nang
治る（病気が）	dra-ni

日本語―ゾンカ語語彙

中	na, nang
長い	ri:m
泣く	ngu-ni
梨	'li
なすび	dolom
なぜ（理由）	gaci-be
なぜなら	gaci-mo ze-wa-cin
夏	bja:
七	dün
何（疑問詞）	gaci
何も（否定辞を伴って）	gani yang（――ない，--- minu）
名前	ming, tshän（敬語）
鉛	zhatsi
涙	'mikchu
南東	lho-sha:
南西	lho-nup

に

二	'nyi, do（杯）
匂い	drim
二階	thoka
肉	sha, kusha（身体，敬語），sösha（食用，敬語）
肉片（料理）	pa:
西	nup
虹	zha
二十（二十進法の）	khe
偽物（の）	dzüma
日曜日	za-dau
日中	nyima
二倍	lok-tap
庭	dumra, 'lingka（宮殿の）

日本語―ゾンカ語語彙

鶏（肉）	bjasha
人参	laphu 'ma:p （＝赤い大根）
にんにく	cago(p)

ぬ

ぬかるみ	dam
布	gola, khasha
塗る	tshön tang-ni

ね

子（十二支）	bjiu
根	rato
猫	bjili
猫目石	zi
ネズミ	bjiu
値段	gong
熱	drö
ネックレス	kecha

の

脳	'lep
後ほど	shüma, tha:ma
喉	köm
昇る（日が）	sha-ni
登る	ze-ni
飲み物	thung-ni
飲む	thung-ni, za-ni （薬を）
乗る	zhön-ni

は

葉	dama

日本語―ゾンカ語語彙

歯	so，tshem（敬語）
バー	changkang
はい（返事）	la，las（敬語）
肺	'lou
倍	lok-tap
灰色	thälka
廃止する	chame tang-ni
倍数	tap
パイナップル	kongtse
入る	dzü-ni
ハエ（蝿）	bjanag
馬鹿	tsagä（男），tsagäm（女）
泊	zha(k)（3 ――，-- sum）
箱	drom
鋏【はさみ】	gimtsi
橋	zam
はしご	'äkhu
場所	sa，sacha
柱	kau
蓮（の花）	pema(-meto)
パス（許可書）	lakhe:
機	tha
バター	ma:，söma（敬語，丁寧語）
バター茶	su:ja
バターミルク	da:u
畑	kamzhing
ハチ（蜂）	bja:m
八	gä:
八千（二十進法の）	kheche
発展	gongphel
花	meto

日本語―ゾンカ語語彙

鼻	lhap
洟【はな】	lhapa
話	'lo:
話す	kha 'lap-ni, 'lo: cap-ni, sung-ni（敬語）
バナナ	ngangla
鼻水	'nachu
羽根	dro
跳ねる	cha(ng)m-ni
母	'ai, yum（敬語）
パパイヤ	chugön
歯ブラシ	sotru
刃物	gichu
早く	jopa(ra)
林	naktshä(l)
腹	phocum
原（っぱ）	pangtshä
バラ	taktshe-meto
払う	trö-ni
針	khap
春	soka
晴れた（天気が）	hing-sangsa
判事	thrimpön
ハンセン氏病	dzenä
半分	pche

ひ

日	1) dari/'intshe（西洋暦）, tshe（ブータン暦）, 2) nyim (5 ──, ── 'nga)
火	me
ピーナツ	badam
東	sha:

引く	then-ni, cap-ni（弓を──, da ---）
髭【ひげ】	jamzho
飛行機	'namdru
飛行場	'namdru-thang
膝	pumo, zhapu（敬語）
肘【ひじ】	kili
ビジネス	tshong
ビジネスマン	tshongpön
非常に	'name-same
額【ひたい】	pceu
左	'yön
羊	lu
未（十二支）	lu
ヒップ	pcime
必要とする	go-ni
人	'mi
ひとつ	ci
皮膚	pako
暇がある	kom-ni
ヒマラヤ松	tongphu(-shing)
百	ja
白檀	tseden ka:p
百万	saya
豹	zig
雹【ひょう】	seu
病院	'mänkhang
病気	natsha, näzhi, nye
病気する	na-ni, nyung-ni（敬語）
平たい	leplep
昼間	nyima
肥料	lü

日本語—ゾンカ語語彙

昼	nyin-gung
蛭【ひる】	pep
ピンク色	shakha
ビンロウの実	doma

ふ

ブータン	dru(k)
ブータン人	drup
封筒	yikshu
フォーク	kangtra
副知事	dzongda ogma
フクロウ	wukpa
婦人	'am（既婚女性の敬称）
不足	chä:
豚	phap
豚肉	phaksha（——の角煮, -- pa:)
再び	lokde
部長	dochen
仏像	ku
仏壇	chösham
仏塔	chörten
仏間	chösham
ぶどう	gündrum
船	dru
父母	pham
冬	gün
ブラウス	onju
ブラウン色	'marmuk
ブラジャー	'omshu
ブラスレット	dopchu
ブラックティー	jadang

降る	cap-ni（雨が――，ca:p ---）
ブルーシープ	'nau
ブルーパイン	tongphu(-shing)
ブローチ（女性の着物用）	koma
分	karma
分割	gopsha（――する，-- cap-ni）

へ

兵隊	'mami
平民	'miser
臍【へそ】	teo，tiu
ベッド	nyelthri
別の	zhän
ペニス	je
蛇	bü:
辺	zur
ペン	'nyugu
返事	län（――する，-- tang-ni）

ほ

方位	cho，sacho
方角	cho，khatu，sacho
箒【ほうき】	cha:m，pcha:m
方向	cho
帽子	zham，'uzha（敬語）
宝石	norpu
褒美【ほうび】	soera
放牧地	tsamdrok
法要	choku（――を営む，-- tang-ni）
頬【ほお】	khurtsho

ホール	dzomkhang, tshokhang
他【ほか】にも	zhän-ya(ng)
他【ほか】の	zhän
北西	jang-nup
北東	jang-sha:
保護する	cong-ni
埃【ほこり】	theu
星	ka:m
細い	pcha-sisi
ホテル	zakhang
ほとんど	halamci
骨	ruto
本	kitap, pecha（主に経典）, chape（敬語）
盆	shingtro
本物（の）	'ngoma
本屋	pekhang

ま

まあまあ	'ototo
枕	hang
負ける	pham-ni
まだ	1) daru(ng)（――着かない, -- ma lhö, 2) ――ある, -- yö)
街	throm
待つ	gu-ni, dö-ni, zhu-ni（敬語）
真直ぐ	thrangthrang
真直ぐな	thrang-tangta
マッチ	metre（英語 match）
（～）まで	tshuntshö（ホテル――, zakhang --）
的【まと】	ba
窓	godri

日本語―ゾンカ語語彙

学ぶ	lha(p)-ni
マフラー	galpani
豆	semcum
護る	cong-ni
まゆげ	dzim, 'mikdzim
真夜中	namche, nup-che
マラリヤ	duktshä
マリゴールド	seshe-meto
丸い	gorgor
回る	go:-ni
万（単位）	thri
マンゴー	'amchu kuli
真ん中（に）	bu(-lu)
真ん前（に）	dongkha(-lu)

み

巳（十二支）	drül
見える	thong-ni
見送る（人を）	ke:-ni
みかん	tshelu
右	'yä
見事に（／な）	pe
水	chu
湖	tsho
店	tshongkhang
見せる	tön-ni
満たす	kang-ni
道	lam
緑（色）	jangkhu, jang-na(k)（黒っぽい）, jang-se（明るい）
南	lho

日本語―ゾンカ語語彙

見本	pe
耳	'namco
耳にする	go-ni
土産	cho:m
見る	ta-ni, zi-ni（敬語）
民芸品売店	lazo-tshongkhang
ミント	'ushila

む

昔	dangphu, 'hema
婿（娘の）	'map
向こう側	pha:(-khatu)
虫	bup
難しい	lakha
息子	bu, sä（敬語）
娘	bum, se:m（敬語）
胸	bjangkho
村	'ü:
紫	jamu

め

目	'mikto, cen（敬語）
姪	tsham
雌牛	ba
メートル	metra, mitra（英語 meter）
女神	lhamo
召し上がる	zhe-ni（敬語）
雌馬	göm
目にする	thong-ni
瑪瑙【めのう】	zi
面識	ngo（――のある人，--shep）

― 160 ―

日本語―ゾンカ語語彙

雌鳥	bjam

も

も	ya(ng), ye（わたし――, nga --）
申しあげる	zhu-ni（謙譲語）
申込書	zhuyig
毛布	mächa
木材	shing
目的	dönda, lädon, 'mik-ül（――を達成する, -- drub-ni）
木曜日	za-pasang
文字	yigu
もしもし	'lopön（一般男性に対する呼びかけ）
持つ	ba-ni, 'nam-ni（敬語）
持っていく	ke:-ni
戻っていく	lok jön-ni（敬語）
物語	logü
物見	tashä
桃	kham
腿【もも】	'ledu
森	naktshä(l)
門	go, gora
文部省	sherig lhänkhang

や

矢	da
山羊	ra
約	deci（数字の後）
ヤク（雌）	bjim
役所	yiktshang
野菜	tshöse

安い	kä-toto
安くする	phap-ni
野生絹	bura/burä
柳	cangma
屋根	chimto
山	gang-ri, ri
病む	na-ni

ゆ

夕食	pchiru-to, tsho（敬語）
郵便局	dremkhang
遊牧民	bjop
雪	khau
雪男	'migö
雪山	gang-ri
ゆっくり	drögi(-be), gole-be
指（手の）	dzum(o), chadzu（敬語）
指輪	dzuki
弓	zhu

よ

良い	pitsa
容易な	jam-toto
（〜の）ような	dzum(ci)
（〜の）ように	dzum-be
曜日	za
養父	'akhu
養母	'amcum
羊毛	bä
ヨーグルト	zho
よく	pitsa

日本語—ゾンカ語語彙

呼ぶ	bo-ni
余分（に）	hengkä
読む（本を）	ta-ni
嫁【よめ】	'nam
より（比較）	le, wa
夜	numo, zha(k) (3 ──, -- sum)
喜ぶ	sem ga-ni
四百	nyishu（二十進法）

ら

ライオン	seng-ge
ライチ	lichi
来年	sangpö
駱駝【らくだ】	'ngamo
らば	pho-dre（雄），mo-dre（雌）
蘭【らん】	'ola-chuto

り

利益	khepsang（──を得る，-- za-ni）
理解する	hago-ni
龍	dru
料金	'la
領主	pön
料理人	thaptshap
リンゴ	kushu, apple（英語）
隣人	chimtshang

れ

レストラン	zakhang
歴史	logü
レモン	humpa

わ

分かる	hago-ni, she-ni
(〜の) 脇に	zukha(-lu)
分ける	gopsha cap-ni
鷲【わし】	you
忘れる	je-ni
私	nga, nyi
私達	ngaca/ ngace
私の	nyi
渡す	trö-ni, 'nang-ni (敬語)
ワタリカラス	'oro
渡る	gä(l)-ni
割る	trum-ni

あ と が き

　本書は，1990 年にティンプで出版された *Manual of Spoken Dzongkha* の増補改訂版に，ゾンカ語－日本語，日本語－ゾンカ語の語彙を加えたものである．

　Manual of Spoken Dzongkha は，当時青年海外協力隊のティンプ在住調整員であった佐々木健一氏の要請に基づき，新たにブータンに赴任してくる協力隊員向けに用意したものである．あえて日本語ではなく英語で執筆したのは，日本からの協力隊員に限らず，国連開発機構（UNDP）はじめ様々な国の協力機構の職員，専門家，コンサルタントといった人々にも利用して欲しいという筆者の希望によるものである．1980 年代後半からは，ブータンの近代化が進み，外国人専門家，協力隊員がかなりな数にのぼっていた．そのかれら，かのじょらが全員直面したのはゾンカ語修得の難しさであった．その最大の理由は，ブータンの国語であるゾンカ語の外国人向け学習材料が全くなかったことである．ブータンでは，英語がかなり通用するとはいえ，庶民の日常会話は首都ティンプを中心とする西ブータンではすべてゾンカ語であった（ブータンは複数言語国家で，中央，東ブータンではブムタン語，シャルチョプ語が主要言語である）．それ故に，ゾンカ語の最低限の知識は，日常生活を円滑に営むのにはどうしても必要であり，*Manual of Spoken Dzongkha* はこの需要に答えるためのものであった．他に類書がなかったが故に，本書は幸いにして結構重宝がられ，現在でもコピーが流通しており，その復刊が計画されている．

　本書は，それを基に，いくつかの訂正，補遺，増補を行なった．そして，利用の便を計るために，ゾンカ語－日本語，日本語－ゾンカ語の語彙を追加した．しかし，あくまでゾンカ語の最低限の知識を提供するという当初の域を出るものではない．また，筆者は言語学の素養がないため，音韻体系の叙述，記述はけっして満足できるものではなく，きっと誤りもあるであろう．本書は，あくまで筆者がゾンカ語を修得する過程で蓄積した個人的ノートに過ぎない．そうした不完全な性格のものではあるが，あえて公刊するのは，

あとがき

　それがゾンカ語を新たに学ぼうとする初心者にとって，少しは益するところがあるであろうという思いからである．今後専門家により，いっそうまとまった，体系的なゾンカ語の文法，語彙，辞典等が編纂されんことを願ってやまない．本書はそれまでの過度的な橋渡し役に過ぎない．

　本書を，日本ブータン国交樹立二十周年にあたる今年2006年に出版できたことは，個人的に大きな喜びであり，本書が両国間の友好促進に幾許でも寄与するところがあれば，筆者の望外の幸せである．

　中根千枝，カルマ・ウラの両氏から序をいただけたことは，非常に光栄である．

　最後に，現時点では需要が極めて限られているであろう本書の出版を快諾頂いた大学書林に深甚の謝意を表したい．

2006年8月

今 枝 由 郎

著者紹介

今枝由郎 [いまえだ・よしろう]
　　　　フランス国立科学研究センター（CNRS）研究ディレクター
　　　　　　　　　　　　　　　　　　　　（チベット歴史・文献学）

目録進呈　落丁本・乱丁本はお取替えいたします。

2006（平成18）年9月30日　　Ⓒ第1版発行

ゾンカ語口語教本	著　者　　今　枝　由　郎
	発行者　　佐　藤　政　人
	発行所
	株式会社　大　学　書　林
	東京都文京区小石川4丁目7番4号
	振替口座　00120-8-43740
	電　話　(03)3812-6281〜3番
	郵便番号　112-0002

ISBN4-475-01877-3　　　　　TMプランニング・横山印刷・牧製本

大学書林
語学参考書

著者	書名	判型	頁数
星実千代 編	チベット語会話練習帳	新書判	208頁
小泉 保 著	言語学とコミュニケーション	A5判	228頁
小泉 保 著	改訂 音声学入門	A5判	256頁
下宮忠雄 編著	世界の言語と国のハンドブック	新書判	280頁
大城光正・吉田和彦 著	印欧アナトリア諸語概説	A5判	392頁
千種眞一 著	古典アルメニア語文法	A5判	408頁
島岡 茂 著	ロマンス語比較文法	B6判	208頁
小沢重男 著	蒙古語文語文法講義	A5判	336頁
津曲敏郎 著	満洲語入門20講	B6判	176頁
小泉 保 著	ウラル語統語論	A5判	376頁
池田哲郎 著	アルタイ語のはなし	A5判	256頁
黒柳恒男 著	ペルシア語の話	B6判	192頁
黒柳恒男 著	アラビア語・ペルシア語・ウルドゥー語対照文法	A5判	336頁
大野 徹 編	東南アジア大陸の言語	A5判	320頁
チャンタソン・吉田英人 著	ラオス語入門	A5判	302頁
坂本恭章 著	タイ語入門	B6判	852頁
坂本恭章 著	カンボジア語入門	B6判	574頁
縄田鉄男 著	ダリー語文法入門	B6判	684頁
縄田鉄男 著	パシュトー語文法入門	B6判	334頁
冨田健次 著	ベトナム語の基礎知識	B6判	382頁
鈴木 斌 著	ウルドゥー語文法の要点	B6判	278頁
勝田 茂 著	トルコ語文法読本	A5判	312頁

―目録進呈―